汽车修理与服务业专项
职业能力考核培训教材

汽车电气设备维护

劳动和社会保障部教材办公室组织编写

中国劳动社会保障出版社

图书在版编目(CIP)数据

汽车电气设备维护/曹永明、郑军武主编. —北京：中国劳动社会保障出版社，2008

职业技能短期培训教材

ISBN 978—7—5045—6972—1

Ⅰ. 汽… Ⅱ. ①曹…②郑… Ⅲ. 汽车—电气设备—车辆修理—技术培训—教材 Ⅳ. U472.41

中国版本图书馆 CIP 数据核字（2008）第 051320 号

中国劳动社会保障出版社出版发行

(北京市惠新东街 1 号　邮政编码：100029)

出　版　人：张梦欣

*

北京鑫正大印刷有限公司印刷装订　新华书店经销
850 毫米×1168 毫米　32 开本　5.5 印张　135 千字
2008 年 4 月第 1 版　2008 年 4 月第 1 次印刷

定价：11.00 元

读者服务部电话：010 - 64929211
发行部电话：010 - 64927085
出版社网址：http://www.class.com.cn

版权专有　　　侵权必究
举报电话：010 - 64954652

前言

2006年，劳动和社会保障部出台了组织实施专项职业能力考核的有关文件。所谓专项职业能力，即一个可就业的最小技能单元，其适用范围小于"职业"。一个专项职业能力构成一个独立的培训项目，与传统的培训相比，专项职业能力培训的目标直接定位于具体的岗位或工位，培训针对性更强，内容更细化。学员希望从事哪一个岗位的工作，就参加相应的专项职业能力培训。这样的培训，时间短、效率高，既有利于培训机构根据市场需求灵活制定培训计划并开展培训，也有利于学员根据自身情况选择培训项目，以达到上岗和职业技能提升的要求。

针对这一新的培训类型，我们会同中国劳动社会保障出版社组织编写了适合各级各类职业学校、职业培训机构开展专项职业能力考核培训使用的教材。在教材编写过程中，我们始终坚持以职业活动为导向、职业技能为核心的指导思想，根据国家专项职业能力考核规范的要求，确定每本教材的知识点和技能点，力求反映岗位的实际工作环境、工作流程和工作要求。教材以技能操作为主线，用图文相结合的方式，通过实例，一步步地介绍各项操作技能，便于学员理解和对照操作。通过学习，学员能够掌握岗位要求的操作技能，取得专项职业能力证书，从而顺利实现上岗或职业技能提升。

由于编写专项职业能力考核培训教材是一项新的工作，需要在实践中不断探索，教材中会存在不足之处，希望培训教师和学员提出宝贵意见，以便适时修改，使其趋于完善。

劳动和社会保障部教材办公室

简介

本书主要内容包括：汽车电气设备概述、电源系的维护、交流发电机及电压、调节器的维护、起动系的维护、灯光、仪表系统的维护、汽车空调系统的维护、舒适与安全装置的维护，以及全车线路的维护。通过本书的学习，培训学员能够从事汽车电气设备维护岗位的工作。

在教材编写过程中，考虑到培训对象的实际情况，在介绍汽车各电气设备维护操作前，先对汽车电气设备的分布、维护规范与注意事项作全面介绍，使学员对汽车设备维护有一个总体认识。对学员较难掌握的汽车电气设备原理不再介绍，降低理论难度。同时，安排各电气设备的维护作业，以典型车型为示例，一步一图地演示相应维护规程，帮助学员进一步提高汽车电气设备维护基本技能。全书实用性强，形象直观，通俗易懂。

本书由曹永明、郑军武主编，花建新、张启森参编，倪侬纯主审。

目录

单元一　汽车电气设备概述……………………………………（1）

　课题一　汽车电气在车上的分布……………………………（1）
　课题二　汽车电气维护规范…………………………………（5）
　课题三　汽车电气维护注意事项……………………………（7）

单元二　电源系的维护…………………………………………（10）

　课题一　蓄电池的检查与清洁………………………………（10）
　课题二　蓄电池的充电………………………………………（15）
　课题三　蓄电池的更换与注意事项…………………………（18）

单元三　交流发电机及电压调节器的维护……………………（21）

　课题一　发电机的维护………………………………………（21）
　课题二　发电机电压调节器维护……………………………（35）

单元四　起动系的维护…………………………………………（39）

　课题一　起动机的维护………………………………………（39）
　课题二　起动继电器的维护…………………………………（54）

单元五　灯光、仪表系统的维护………………………………（58）

　课题一　照明系统的检查与维护……………………………（58）
　课题二　信号系统的检查与维护……………………………（70）
　课题三　仪表系统的结构与维护……………………………（77）

单元六　汽车空调系统的维护……………………………………（83）

　　课题一　空调管路的检查与紧固……………………………（83）
　　课题二　空调制冷剂压力的检查……………………………（92）
　　课题三　空调制冷剂的加注与排放…………………………（95）
　　课题四　制冷元件的检查与维护……………………………（100）

单元七　舒适与安全装置的维护……………………………………（113）

　　课题一　电动车窗的检查与维护……………………………（113）
　　课题二　电动后视镜的检查与维护…………………………（118）
　　课题三　电动坐椅的检查与维护……………………………（120）
　　课题四　安全带的检查与维护………………………………（122）
　　课题五　刮水器的检查与维护………………………………（126）

单元八　全车线路的维护……………………………………………（135）

　　课题一　导线与插头的维护…………………………………（135）
　　课题二　熔丝与继电器的检查与更换………………………（154）
　　课题三　汽车电路图的识读…………………………………（163）

单元一　汽车电气设备概述

课题一　汽车电气在车上的分布

学习目标
1. 了解汽车电气设备的组成；
2. 掌握汽车电路的特点。

随着汽车工业的发展，人们对汽车性能的要求也越来越高，作为汽车的传统电气设备，如蓄电池、发电机、起动机、照明、信号、仪表、报警装置等也发生着巨大的变化，特别是电子控制技术在汽车领域的广泛应用，使得汽车电气系统越来越复杂，正朝着电子化、集成化、智能化和网络化的方向发展。

一、汽车电气设备的组成

汽车电气设备按功能可分为电源、起动、点火、照明与信号、仪表与报警、电子控制装置、辅助装置等部分。图1—1所示为上海大众桑塔纳2000型轿车电气系统的组成，这样的装备是现代轿车的最基本配置。

1. 电源系

由蓄电池、发电机、调节器以及工作状况指示装置（电流表、充电指示装置）等组成。电源系的作用是向全车用电设备提供低压直流电能。

2. 起动系

由起动机、起动继电器、起动开关以及起动保护装置等组成。

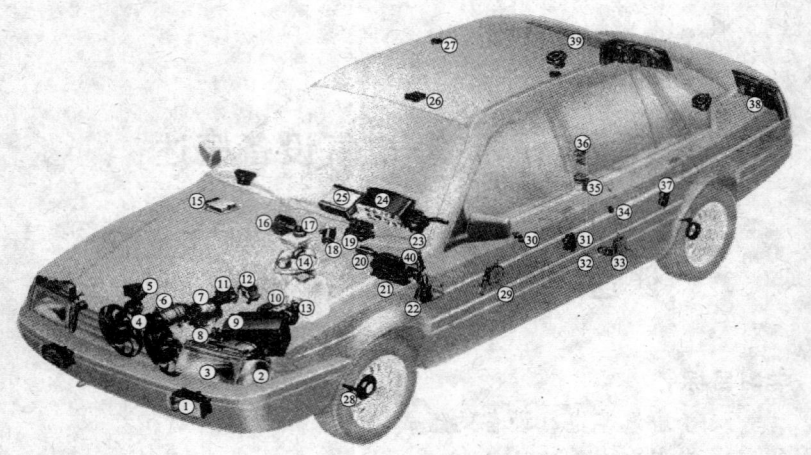

图1—1 桑塔纳2000型轿车电气设备布置略图

1—雾灯 2—转向灯 3—组合前照灯 4—散热器风扇 5—双音喇叭 6—空调压缩机 7—交流发电机 8—空调储液干燥器 9—蓄电池 10—ABS控制单元与液压单元总成 11—起动机 12—带输出驱动极的双火花点火线圈组件 13—风挡玻璃清洗液电动泵 14—冷却液传感器 15—发动机控制单元 16—空调、暖风用鼓风机 17—制动液液面传感器 18—风挡玻璃刮水电动机 19—暖风与空调控制器 20—车门摇窗机控制开关组 21—中央接线盒 22—自动升降天线 23—中央接线盒 24—组合仪表 25—收放机 26—内顶灯 27—阅读灯 28—车轮转速传感器 29—前摇窗电动机 30—外后视镜电动调节开关 31—集控锁控器 32—车门接触开关 33—后摇窗机电动机 34—摇窗机开关 35—燃油泵 36—燃油箱油面传感器 37—后门集控门锁 38—组合后灯 39—后风挡玻璃电加热器 40—防盗器控制单元

起动系的作用是带动飞轮旋转,使曲轴达到必要的转速后起动发动机。

3. 点火系(仅限于汽油发动机)

由点火线圈、分电器、电子点火器、火花塞、点火开关等组成(采用发动机控制单元进行点火控制的发动机可以不使用分电器)。点火系的作用是将低压电转变为高压电,适时可靠地点燃汽缸中的可燃混合气。

4. 照明与信号系统

由前照灯、雾灯、示廓灯、转向灯、制动灯、倒车灯、电喇叭等及其控制继电器和开关组成。照明系统的作用是确保车辆在一定范围内合适的照度；信号系统的作用是告示行人，引起注意，指示车辆行驶趋向及操纵机构状态。

5. 仪表与报警系统

由仪表、传感器、各种报警指示灯及控制器组成，其作用是显示汽车运行参数及交通信息，报警运行机械故障，以确保行驶和停车的安全性、可靠性。

6. 电子控制装置

由电控燃油喷射系统、自动变速器、制动防抱死系统、恒速控制及悬架平衡控制系统、网络系统等组成。

7. 辅助装置

为提高车辆安全性、舒适性、经济性等而设置的各种功能的电气装置组成。辅助装置因车型不同而有所差异。一般包括风挡玻璃刮水与清洗装置、风挡玻璃除霜与防雾装置、起动预热装置、音响装置、车窗电动升降装置、电动坐椅调节装置、中央电控门锁、导航系统等组成。

二、汽车电路的特点

现代汽车电气与电子设备种类繁多，功能各异，无论其采用何种形式，都应遵循一定的原则，掌握这些原则对于分析汽车电路是非常必要的。

汽车电路具有以下的基本特点：

1. 低压

汽车电气系统的额定电压有 12 V 和 24 V 两种。汽油机汽车普遍采用 12 V 电源，柴油机汽车多采用 24 V 电源（由两个 12 V 蓄电池串联而成）。汽车运行中的电压，一般 12 V 系统为 14 V 左右，24 V 系统为 28 V 左右。

2. 直流

现代汽车以蓄电池作为静态电源，蓄电池充电必须用直流电源，所以汽车电源系为直流系统。

3. 单线制

单线连接是汽车电气线路的特殊性，它是指汽车上所有电气设备的正极均采用导线相互连接；而所有电气设备的负极都直接或间接通过导线与车架或车身的金属部分相连，即接地。任何一个电路中的电流都是从电源的正极出发经导线流入相应的用电设备后，再由电气设备自身或负接地线，通过车架或车身流回到蓄电池负极形成回路。

采用单线制连接，导线用量少、接线方便，而且线路清晰，因此在现代汽车中广泛采用。

4. 并联连接

汽车上各用电设备均采用并联的方式与电源连接，这样，当某一设备损坏时，不会影响其他设备的正常工作。也为检查与维护提供了方便。

5. 负极接地

由于采用了单线制，蓄电池的一个电极需要接至车架或车身上，俗称"搭铁"。蓄电池的负极接车架或接车身称为负极接地，蓄电池的正极接车架或接车身称为正极接地。我国标准规定汽车线路统一采用负极接地。

6. 保护装置

为了防止短路，电路中通常设有保护装置，如熔断丝、熔断器等。

7. 线路的颜色和编号

为了便于区分线路的连接，汽车所有低压导线均选用不同颜色的单色或双色线，并在每根导线上编号，以便于接线和查找。编号由生产厂家自行编制。

课题二　汽车电气维护规范

学习目标
1. 了解汽车维护的分级和周期;
2. 了解汽车电气维护的基本内容、维护操作的要求。

一、汽车维护的分级和周期

《汽车运输业车辆技术管理规定》将车辆维护分为日常维护、一级维护、二级维护。汽车维护周期一般根据车辆结构性能、使用条件、故障规律等综合因素确定。

日常维护由汽车驾驶员在日常出车时进行;一级、二级维护由专业维修工负责实施。汽车每行驶 7 500 km,必须进行一次一级维护,由专业维修工负责实施。汽车行驶 15 000 km 后,需进行二级维护,由专业维修工进行全面的检查和调整,保证汽车行驶的安全性、动力性和经济性能达到使用要求。

二、汽车电气维护内容

1. 日常维护项目

日常维护主要内容是坚持"三检",即出车前、行车中、收车后检视车辆的安全机构及各部件连接的紧固情况;保持"四清",即保持机油、空气、燃油滤清器和蓄电池的清洁;防止"四漏",即防止漏水、漏油、漏气和漏电;保持车容整洁。汽车电气部分日常维护的作业主要包括:

(1) 检查、调整刮雨器刮水片的状况;
(2) 检查、调整灯光、信号状态;
(3) 检查维修提醒指示器和警告蜂鸣器的状态;
(4) 检查、调整电喇叭的状态;
(5) 检查、调整蓄电池液面高度或检查免维护蓄电池密度计显示情况；

(6) 检查、调整发动机驱动带张紧度，及其老化、断裂损坏等情况。

2. 一级维护项目

一级维护的时机一般按汽车生产厂家推荐或规定的行驶里程或使用时间进行。一级维护的间隔里程约为 7 500 km 或者 6 个月，以行驶里程或使用时间先达到的为准。一级维护由专业维修工作人员负责执行。其作业内容除日常维护作业外，以清洁、润滑、紧固为主，并检查有关制动、操纵等安全部件。汽车电气部分一级维护基本作业项目包括：

(1) 检查照明灯、警报灯、转向信号灯及电喇叭的工作状况；

(2) 检查调整前大灯光束；

(3) 检查风挡玻璃刮雨器及清洗装置，必要时添加风挡玻璃清洗液；

(4) 检查蓄电池液面高度，必要时添加蒸馏水；

(5) 检查空调系统，注意不能泄漏制冷剂；

(6) 检查清洗空调空气滤清器。

3. 二级维护项目

二级维护的时机一般在汽车经过长时间的使用，间隔里程 15 000 km 或者 12 个月后，以行驶里程或使用时间先达到的为准，必须进行全面的检查和调整，以及保证安全性、动力性和经济性能达到使用要求。其作业内容除一级维护作业外，以调整、检查为主，并拆检轮胎，进行轮胎换位。汽车电气部分二级维护基本作业项目包括：

(1) 检查照明灯、警报灯、转向信号灯及电喇叭的工作状况；

(2) 检查调整前大灯光束；

(3) 检查风挡玻璃刮雨器及清洗装置工作状况；

(4) 检查风挡玻璃清洗液液面高度，必要时添加清洗液；

(5) 检查蓄电池液面高度，必要时添加蒸馏水；

(6) 检查空调系统，注意不能泄漏制冷剂；

(7) 检查清洗空调空气滤清器。

三、维护操作要求

1. 拆卸和安装电气元件时，必须切断电源。

2. 更换熔断器时，一定要与原规格相同，禁止用导线代替。

3. 正确拆卸导线连接器，要先解除闭锁，然后拉开插接器，不允许在未解除闭锁的情况下用力拉导线，这样会损坏闭锁或连接导线。

4. 传统的检修方法经常采用"试火"逐步判断故障部位，而在装有电子设备的汽车上，不允许使用这种方法。以免损害某些电路和电子元件。

5. 在发动机工作时，不要拆下蓄电池接线。对于装有电控装置的车辆也不要采用该办法来判断发电机是否工作。

6. 不允许使用电阻表或万用表的 $R \times 100 \, \Omega$ 以下低阻欧姆挡检测小功率三极管，以免电流过大损坏晶体管。

7. 更换三极管时，应首先接入基极；拆卸时，最后拆下基极。

课题三　汽车电气维护注意事项

学习目标

1. 了解汽车电气和电子系统检查与维护的注意事项；

2. 了解汽车微机控制系统（ECU）的使用、维修注意事项。

一、汽车电气和电子系统检查与维护注意事项

1. 对于任何种类的汽车电子系统，检查前必须先断开电源才能进行操作。

2. 当点火开关处于接通状态或发动机在运转时，不能断开或连接任何线束或微型电子组件的插接器。

3. 经常保持系统中所有连接导线的清洁、紧固，防止因接触电阻增大使汽车电气和电子系统工作不稳定。

4. 在线路通电的情况下，不允许将任何已拆开的导线接地。

5. 在摇转发动机而不需要起动发动机时（如在静态下调整点火正时），应从分电器盖上取下中心高压线并使之接地。不允许点火系工作在开路状态（如高压线完全从点火线圈中心孔脱出），因为在这种情况下，容易损坏点火线圈。

6. 当点火开关置于 ON 时，应严格按照仪表使用说明书连接测试仪表。如连接错误，会导致点火系和仪表的损坏。

7. 不要用跨接线将电路系统的任何零件接地，否则会损坏元件。

8. 除了传统点火系统外，其他各类汽车点火系统都禁止使用接地试火法来检查系统的工作情况。

9. 当发动机熄火后，不允许点火开关长时间置于"ON"位置（不超过 10 s）。

10. 重新连接蓄电池接线或通过另一辆车的蓄电池搭接起动时，蓄电池连接的极性，不能接错。

11. 一定要首先拆下和最后接上蓄电池的负极导线，否则在用工具松开导线夹时，可能造成蓄电池短路。

12. 不允许在点火线圈接线柱上安装无线电防干扰抑制电容器。

13. 电线连接必须可靠，固定也要可靠，穿越车身金属板时应加设胶护圈或防护套管。

14. 若要与原有电线焊接时，必须用直径相等的导线，连接头用绝缘胶布包好。

15. 不能使电线靠近活动或高温部件，应保持距离 50 cm 以上。

16. 修理中，若拆离合移动了原有的线束，修理后应予以复原。

二、汽车微机控制系统（ECU）的使用、维修注意事项

1. 严禁在发动机高速运转时将蓄电池从电路中断开，以防产生瞬变过电压将 ECU 和传感器损坏。

2. 当发动机出现故障，"检查发动机"警示灯（"CHECK"或"ENGINE"）亮时，不能将蓄电池从电路中断开，以防止 ECU 中存储的故障及有关资料信息被清除。只有通过自诊断系统将故障码及有关信息资料调出，并诊断出故障原因后，方可将蓄电池从电路中断开。

3. 当诊断出故障原因，对 ECU 进行检查时，应先将点火开关关掉，并将蓄电池接地线拆下。如果只检查 ECU，则只需关闭点火开关即可。

4. 在靠近 ECU 或传感器的地方进行跨接或车身修理作业前，应先断开 ECU 电源和点火开关。

5. 测试过程必须用高阻抗万用表。

6. 不要用试灯去测试任何与 ECU 相连的电气装置。

7. 蓄电池接地极性切不可接错，必须负极接地。

8. ECU、传感器必须防止受潮，不允许将 ECU 或传感器的密封装置损坏，更不允许用水冲洗 ECU 和传感器。

9. ECU 必须防止受剧烈振动。

10. 电控燃油喷射系统对汽油的清洁度要求很高，使用中应注意定期更换燃油滤清器。装有氧传感器的闭环控制系统的汽车，必须使用无铅汽油，以防止氧传感器失效。

11. 电控燃油喷射系统对电动汽油泵的工作除受点火开关控制外，还受空气流量计或 ECU 控制。在点火开关接通后，只有在发动机处于正常工作状态，且空气流量计检测到空气流量信号或 ECU 检测到转速和点火信号时，油泵电路才能接通，检修时应注意上述特点。

单元二　电源系的维护

课题一　蓄电池的检查与清洁

学习目标
1. 了解蓄电池的基本结构；
2. 掌握汽车蓄电池的检查、清洁方法。

一、蓄电池的结构

蓄电池是一种将化学能转变成电能的装置，属于可逆的直流电源。用于汽车上的蓄电池，必须满足起动发动机的需要，即能在 5~10 s 的短时间内提供给汽车起动机足够大的电流。汽油机的起动电流为 200~600 A，柴油机起动电流有的高达 1 000 A。图 2—1 所示为蓄电池的结构图，主要由极板、隔板、电解液、外壳、铅连接条和加注孔盖等组成。

作业 1　蓄电池的检查

1. 蓄电池的目测检查

检查蓄电池的外部状态和连接情况。通过这项检查应确定：

（1）壳体是否损坏。因为壳体损坏可能引起酸液溢出。

（2）蓄电池接线柱是否损坏，若损坏将无法保证蓄电池接线柱接触良好。在蓄电池接线柱上接线时，要注意以规定的扭矩旋紧。如果蓄电池接线柱未正确连接和拧紧，可能引起导线起火，并可能引起电气设备的功能故障。在这种情况下，车辆的性能状况在很大程度上无法保证。

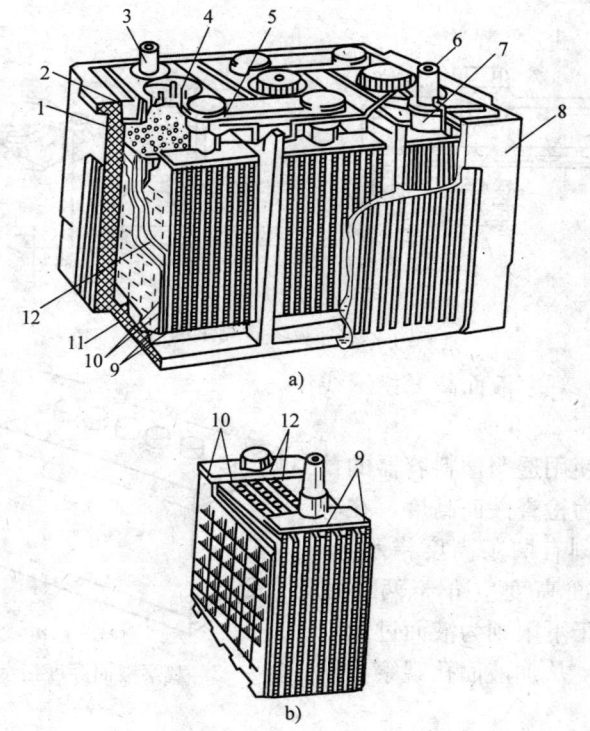

图 2—1 蓄电池的结构
1—护板 2—封料 3—负极接线柱 4—加液孔螺塞 5—连接条 6—正极接线柱
7—电极衬套 8—外壳 9—正极板 10—负极板 11—肋条 12—隔板

2. 检查蓄电池电解液液面高度

（1）用玻璃管测量法，如图 2—2 所示。

1) 用一空心玻璃管插入蓄电池电解液内极片的上平面处。

2) 等玻璃管内的电解液与电池液面同高度时，用大拇指按紧玻璃管上端，使管口密封。

3) 提起玻璃管，测量玻璃管内的液面高度，即为蓄电池电解液液面高度。液面高度的标准值为 10～15 mm，过低时应加蒸馏水使之符合标准。

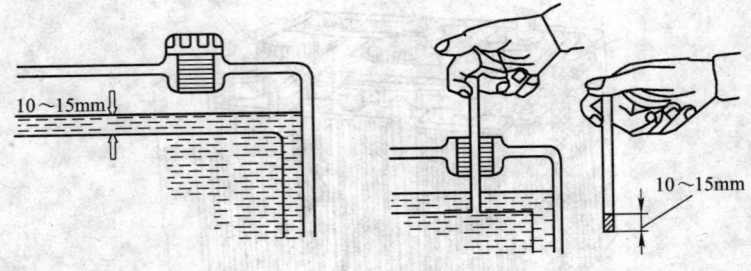

图 2—2 玻璃管测量法

（2）观察液面高度指示线方法如图 2—3 所示。

对使用透明塑料容器的蓄电池，为检查液面高度，在容器壁上刻有两条高度指示线。正常液面高度应介于两线之间，低于下限则为液面过低。

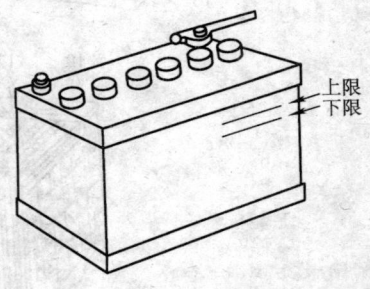

（3）从加液面孔观察判断法。

图 2—3 观察液面高度指示线方法

部分汽车在蓄电池的电解液加液孔内侧的标准液面位置处开有方视孔，如图 2—4 所示。检视液面高度，在方孔下面为液面过低，正好与方孔平齐时为标准，满过方孔、充满加液孔底部以上为过高。

注意：电解液液面低于标准时，应及时补充蒸馏水，不得加

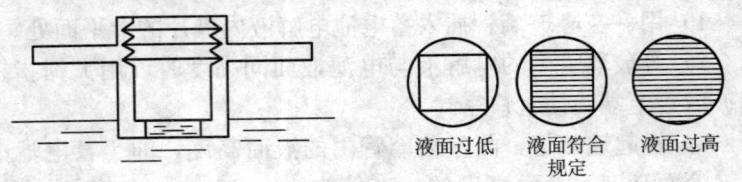

图 2—4 从加液面孔观察判断法

注冷开水、自来水、河水及其他质地的水。若蓄电池的电解液液面过高,在强大负荷(如白天长途行驶)情况下,会引起电解液"沸腾而外溢";电解液液面过低,会缩短蓄电池的使用寿命。

3. 检查蓄电池电解液密度

测量电解液密度,可使用电解液密度计,如图 2—5 所示,吸入密度计中的蓄电池电解液密度越大,浮子升起越高。从密度计刻度上可读出电解液密度值。蓄电池电解液正常的密度值见表 2—1。

若各电池槽中的电解液密度相互间的偏差不超过 0.02 g/cm³,可对蓄电池充电,以恢复其性能;若一个或两个相邻电池槽中的电解液密度明显下降,则说明蓄电池有短路故障,应对其进行修复或更换。

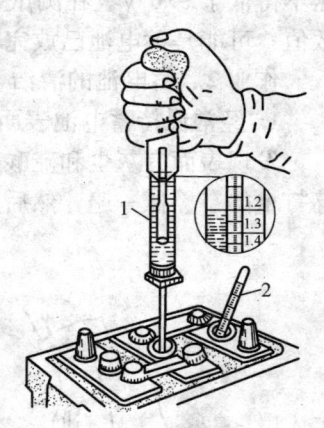

图 2—5 测量电解液密度和温度
1—密度计 2—温度计

表 2—1 蓄电池电解液密度

温度条件	蓄电池状态	电解液密度(g/cm³)
常温下	放电	1.12
	半充电	1.20
	全充电	1.28
在热带地区	放电	1.08
	半充电	1.14
	全充电	1.23

4. 检查蓄电池电压

蓄电池电解液密度与电压（有负荷时）结合起来检查，可以清楚地反映蓄电池充电的情况。用高率放电计测量蓄电池电压（有负荷时），如图2—6所示。若负载电流为110 A，则最小电压不得低于9.6 V。在测试5～10 s过程中，若电压低于规定的数值，可能是蓄电池已放完电或损坏。

作业2　蓄电池的清洁

1. 经常保持蓄电池表面的清洁

发现表面有灰尘和硫酸时，应及时擦拭，擦拭时可先用蘸有苏打水的布擦拭一遍，然后用清水冲洗干净，如图2—7所示。

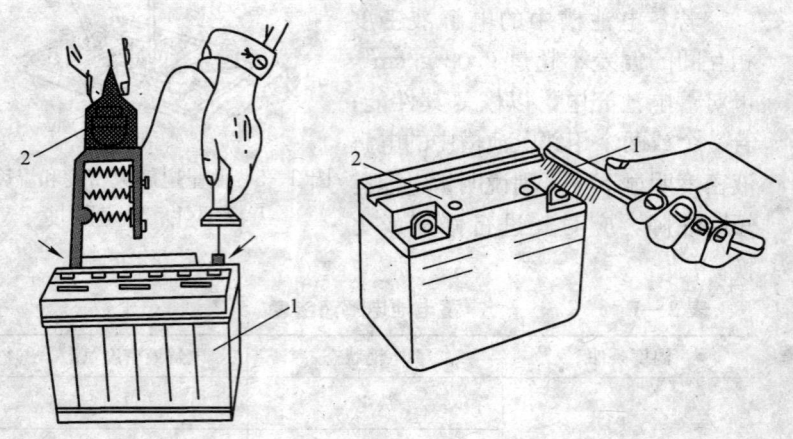

图2—6　测量蓄电池电压的高率放电计　　图2—7　蓄电池的清洁
　　1—蓄电池　2—高率放电计　　　　　　　1—蓄电池　2—刷子

2. 经常用蒸馏水清洗排气栓，可保持排气栓通气良好。
3. 清洁蓄电池两接线柱，如有氧化层或脏污物用砂纸擦拭即可。

课题二 蓄电池的充电

学习目标

1. 了解蓄电池充电原理和方式;
2. 掌握常用蓄电池充电方法及注意事项。

一、蓄电池充电（见图 2—8）

1. 充电前的准备

(1) 检测电解液或纯水是否符合规定要求;

(2) 打开蓄电池上的排气栓;

(3) 加液或补水至最高液面线。

2. 充电连接

(1) 充电机的正极与蓄电池正极相接,负极与蓄电池负极相接,切勿接反;

(2) 对多只蓄电池充电,可根据充电机功率大小确定;

(3) 充电连接必须牢固。

3. 充电方式

通常,充电方式有恒流充电、恒压充电和快速充电 3 种。

(1) 恒流充电又包括初充电、补充充电、普通充电和均衡充电。

1) 初充电。初充电是非干荷蓄电池使用之前的首次充电。

a. 非干荷蓄电池注入电解液后,静止 1～6 h,待温度降至 35℃以下时方可开始充电;

b. 首次充电电流一般为 30 A,

图 2—8 蓄电池的充电

充至单格电压为 2.4 V 时，减半电流继续充电。

2）补充充电。针对存放时间较长、干荷电性能较差的干荷蓄电池，或灌酸液充足电后停用一个月左右时间的蓄电池，补充充电电流为 30 A，补充充电时间为 5 h 左右，或根据存放时间长短确定充电时间。

3）普通充电。普通充电是指蓄电池经初充电投入使用后的充电。

a. 汽车蓄电池普通充电第一阶段采用 20 A，充电 8~12 h 至单格电压升到 2.4 V 以上后，电流减半再充电 10 h 左右；

b. 充入电量一般为放电量的 1.5 倍以上，或者充入额定容量的 1.3~1.5 倍。

4）均衡充电

a. 用普通充电的方法将蓄电池充足，然后用 20 A 电流充电；

b. 当蓄电池冒出均匀气泡，温度上升时，停止充电 1 h，如此重复 3~4 次；

c. 单格电池都产生大量气泡，并且电流、电压、电解液密度趋于不变时结束。

（2）恒压充电。恒压充电是指始终以恒压对蓄电池充电。开始时充电电流较大，然后逐渐减小，恒压充电电压通常为 2.3~2.4 V，这种充电情况，气体产生很少，耗水量小，因此，恒压充电常用于免维护密封铅酸蓄电池的充电。

（3）快速充电

1）快速充电是指采用大电流的脉冲充电，并采用短时间放电的间歇式充电方法，对蓄电池充电。

2）快速充电法用 1~2 倍 20 A 大电流充电。

3）快速充电用特制的快速充电机完成。

（4）蓄电池充足电判断标志

1）蓄电池单格内有大量气泡产生。

2) 蓄电池单格电压在 2.6~2.8 V，且在 2 h 以上测定都不变（这是指新蓄电池，用过的蓄电池要低一些）。

3) 电解液密度达 1.280 ± 0.01 g/cm^3 （25℃）且 2 h 以上测定不变。

(5) 充电注意事项

1) 液温不得超过 45℃，否则应采取降温措施（减少充电电流或停止充电或放入水槽中冷却）；

2) 通风性好；

3) 禁止火源。

二、蓄电池的检查

带电眼、没有密封塞的蓄电池可以从电眼 1 和盖板 2（见图 2—9）上识别出该蓄电池的充电状况。

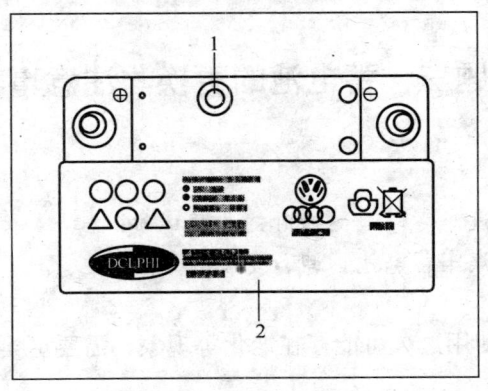

图 2—9　蓄电池的电眼和盖板
1—电眼　2——盖板

注意：

(1) 盖板仅用于批量生产时进行加注。绝对不允许去除盖板，否则会造成蓄电池损坏，不能使用。

(2) 通过修改设计，已经生产出的新一代免维护蓄电池，可以通过电眼进行蓄电池状态的检查。利用电眼检查蓄电池酸液液位和充电状态的信息。

(3) 由于电眼只是位于蓄电池的一个单格,因此它所显示的也只是这个电池格的情况。在目测之前,应用螺钉旋具的手柄小心地轻敲电眼。

当蓄电池充完电后,会在电眼下产生气泡,这些气泡会使电眼的颜色显示不真实。轻轻地敲击电眼,就能除掉可能影响显示的气泡,使电眼的颜色显示地更准确。

(4) 电眼可能位于蓄电池的不同位置,因而有 3 种不同的颜色显示:

1) 绿色:蓄电池已充足电。
2) 黑色:没有电荷或电荷过低,蓄电池必须充电。
3) 无色或黄色:必须更新蓄电池。

课题三　蓄电池的更换与注意事项

学习目标

1. 了解汽车蓄电池更换时的注意事项;
2. 掌握汽车蓄电池拆卸、安装的方法。

蓄电池使用过久可能存在老化等现象,需要更换。在更换时应注意:

(1) 在安装固定卡子时,必须扣压到蓄电池护底板上,蓄电池的底板厚度为 20 mm。

(2) 旋紧六角螺栓的力矩为 22 N·m。

(3) 连接蓄电池前,必须根据维修手册检查车辆装备(CD 唱机、时钟、车窗电动升降机)。

(4) 安装前要检查蓄电池固定底座,否则蓄电池可能产生下列危险:

1) 强烈的振动将影响蓄电池的使用寿命。
2) 蓄电池固定不当,易损坏蓄电池的隔板。
3) 如果固定卡子受损,可能发生蓄电池酸液溢出的严重后果。
4) 碰撞安全性变差。

作业1　蓄电池的拆卸

(1) 拆下蓄电池负极接地线。

(2) 拆下蓄电池正极连接线,如图2—10所示。

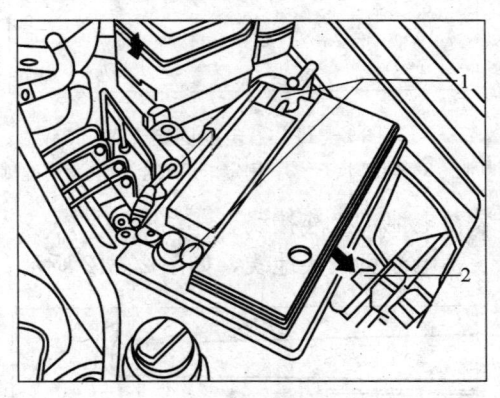

图2—10　蓄电池的拆卸
1—接线柱　2—固定卡子螺栓

(3) 旋松六角螺栓。
(4) 拆下蓄电池压板。
(5) 拆卸固定卡子。
(6) 从支架中取出蓄电池。

作业2　蓄电池的安装

蓄电池的安装与拆卸顺序相反。

(1) 将固定压板压在蓄电池底部凸缘上。
(2) 安装固定卡子。
(3) 旋紧六角螺栓。

(4) 安装蓄电池的固定支架，如图2—11所示。

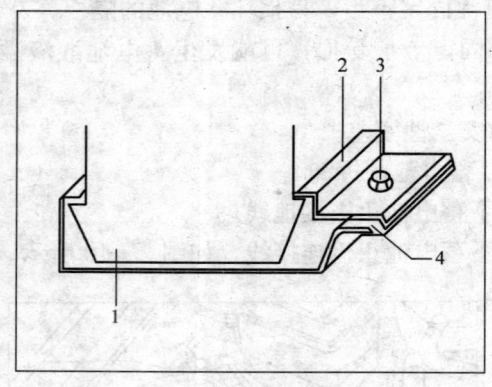

图2—11 蓄电池固定支架
1—蓄电池 2—固定卡子 3—固定卡子螺栓 4—蓄电池固定底座

(5) 安装蓄电池正极连接线。
(6) 安装蓄电池负极接地线，如图2—12所示。

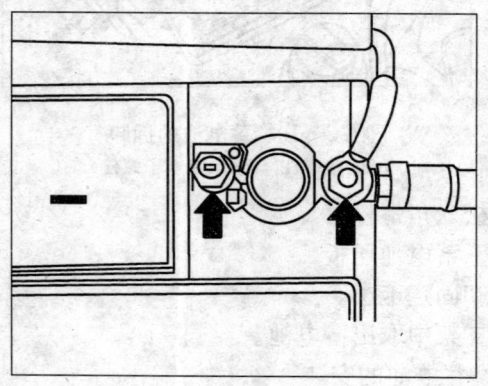

图2—12 蓄电池正负极连接线的安装

单元三　交流发电机及电压调节器的维护

课题一　发电机的维护

学习目标
1. 了解发电机的作用、结构和工作原理；
2. 掌握发电机的主要维护内容、拆装、检查、更换方法。

一、发电机的功用

交流发电机是汽车电源系的重要组成部分，它与发电机电压调节器互相配合工作，其主要任务是对除起动机以外的所有用电设备供电，并向蓄电池充电。

二、发电机的分类

汽车发电机有交流发电机和直流发电机两种。汽车用交流发电机是随半导体整流技术的出现而发展起来的，目前主要有硅整流发电机、感应子式交流发电机等几种，其中以硅整流交流发电机应用最为普遍，已取代了传统的直流发电机。

三、发电机的结构与原理

汽车用交流发电机，多采用三相同步交流发电机，由六只二极管构成三相桥式全滤波整流器。各国生产的交流发电机大同小异，图3—1所示为桑塔纳2000汽车上的发电机。发电机与电压调节器的接线图如图3—2所示。发电机型号有长沙汽车电器厂生产的 JFZ1913Z 和上海汽车电机二厂生产的 JFZ1813Z。

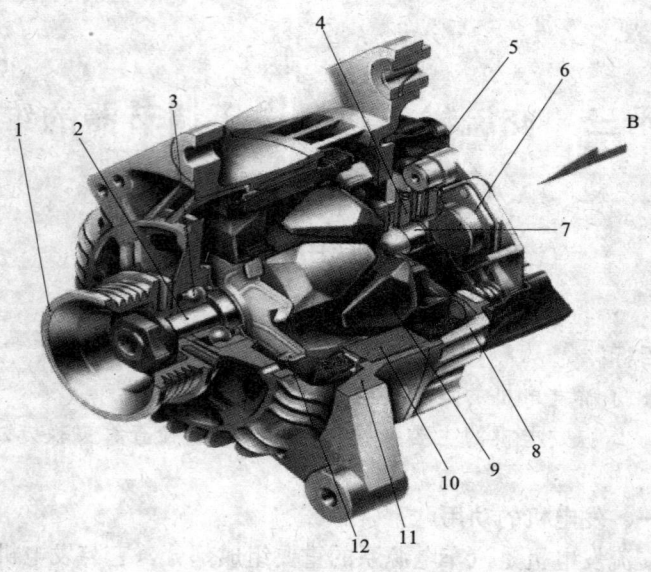

图 3—1 桑塔纳 2000 汽车上的发电机
1—带轮 2—轴 3—轴承 4—电刷 5—后罩盖
6—调节器组件 7—集电环 8—后端盖 9—转子 10—定子 11—前端盖 12—风扇

JFZ1913Z 发电机的结构如图 3—3 所示,主要由定子、转子、集电环、电刷、整流二极管、前后端盖、风扇及带轮等组成。发电机的主要技术参数见表 3—1。

1. 定子

定子的功用是产生三相交流电,其结构如图 3—4 所示,由定子铁心和定子绕组两部分组成。

2. 转子

转子的功用是产生磁场,转子由转子铁心、磁场励磁绕组、爪形磁极和集电环组成,如图 3—5 所示。

3. 整流器

整流器的功用是将三相绕组产生的交流电变换为直流电,其

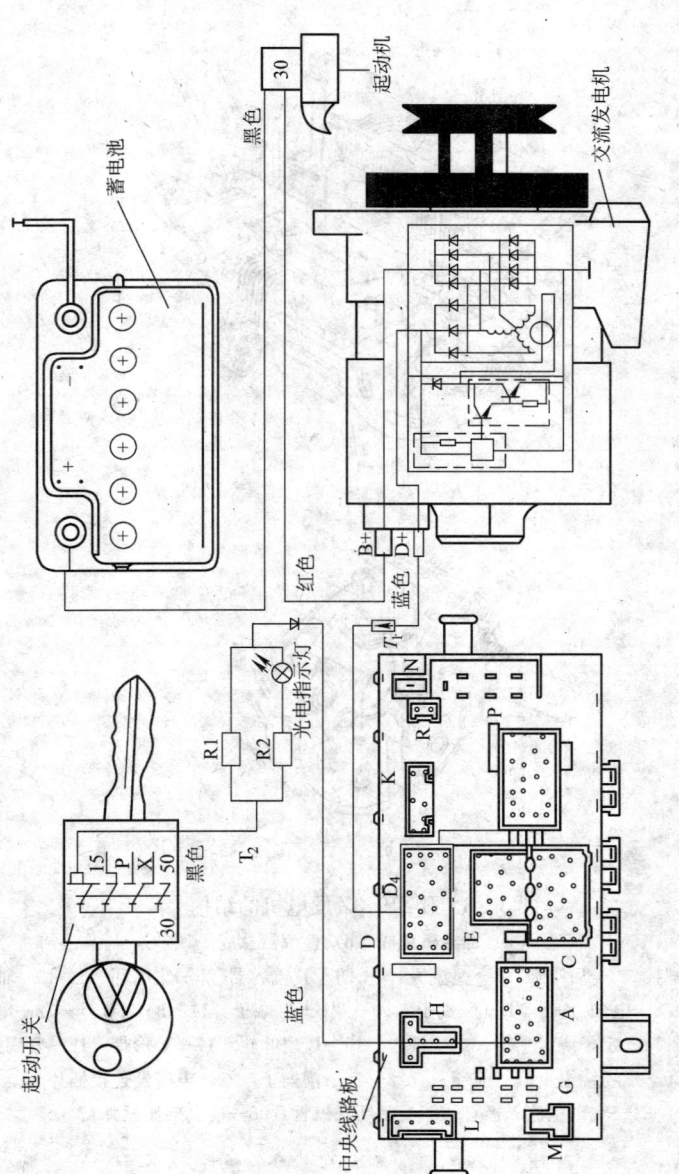

图 3-2 交流发电机接线图

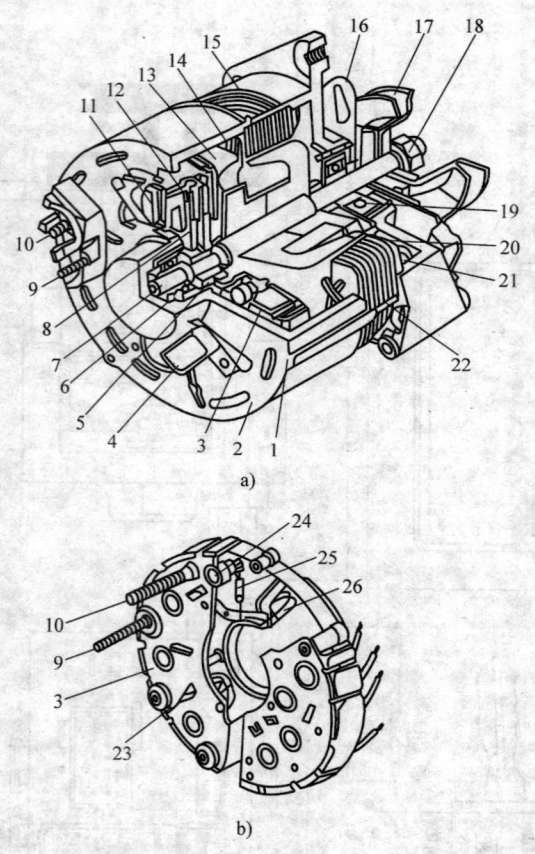

图 3—3 JFZ1913Z 发电机的结构
a) 发电机总成　b) 整流器总成
1—连接螺栓　2—后端盖　3—整流板　4—防干扰电容器　5—集电环　6、19—轴承
7—转子轴　8—电刷　9—"D+"端子　10—"B+"端子　11—IC调节器　12—电刷架
13—磁极　14—定子绕组　15—定子铁心　16—风扇叶轮　17—V形带　18—紧固螺栓
20—磁场绕组　21—前端盖　22—定子槽楔子　23—电容器连接插片
24—输出整流二极管　25—磁场二极管　26—电刷架压紧弹簧

表3—1　　　　　　　　交流发电机技术参数

发电机型号	JFZ1913Z、JFZ1813Z	工作环境温度/℃	−40～+90
额定电压/V	14	电压调节器形式	集成电路式
额定电流/A	90	调节电压/V	12.5～14.5
额定输出功率/W	1 200	安装方式	单挂脚
零电流转速/（r/min）	≤1 050	质量（无带轮）/kg	5.66
开始充电转速/（r/min）	≤1 900	比功率/（W/kg）	223
常用工作转速/（r/min）	6 000	新电刷高度/mm	10
最高工作转速/（r/min）	15 000	电刷极限高度/mm	5
磁场绕组电阻/Ω（20℃）	2.8	搭铁形式	外搭铁

整流二极管的特点是工作电流大、反向电压高。发电机整流器总成的外形如图3—3b所示，该整流器设有11只二极管，其中包括3只正向二极管、3只负向二极管、3只磁场二极管和两只中性点二极管。整流器上的各元器件的安装位置如图3—6所示。

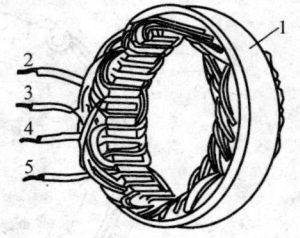

图3—4　发电机定子的结构
1—定子铁心
2、3、4、5—定子绕组引线端

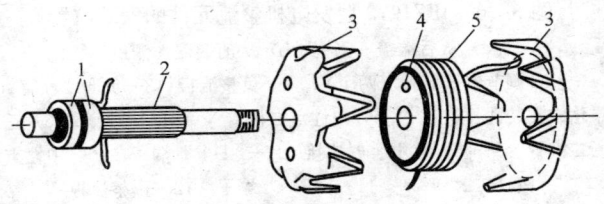

图3—5　发电机转子的分解图
1—集电环　2—转子轴　3—爪形磁极
4—转子铁心　5—磁场绕组

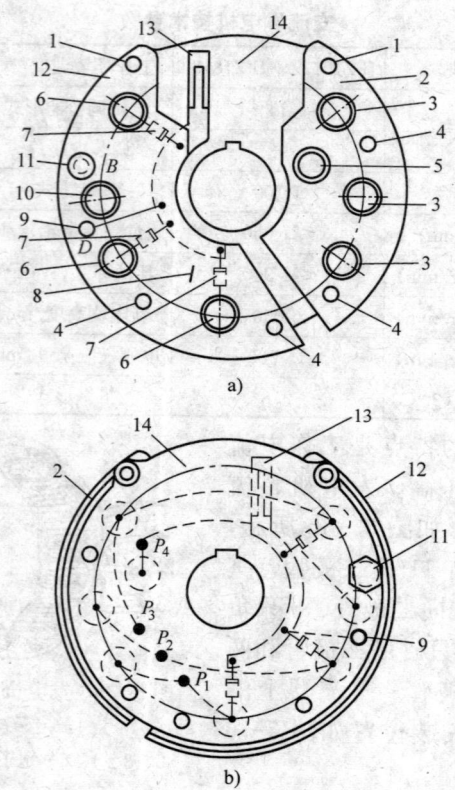

图 3—6 JFZ1913 型发电机整流元件的安装位置
a) 从后端盖一侧视 b) 从前端盖一侧视
1—IC 调节器安装孔（两个） 2—负整流板 3—负向二极管
4—整流器总成安装孔（4 个） 5—中性点二极管（负向二极管） 6—正向二极管
7—磁场二极管 8—防干扰电容器连接 9—"D+"端子 10—中性点二极管
（负向二极管） 11—"B+"端子 12—正整流板
13—电刷架压紧弹簧 14—硬树脂绝缘板

作业 1 发电机的一级维护

1. 交流发电机的清洁

清洁发电机外表、接线柱或插接器，确保接触良好。

2. 紧固

紧固各接线柱、连接螺栓。如图3—7所示。

3. 发电机V形带啮合情况的检查

当V形带工作不正常时，会影响发电机正常工作，使用中听到V形带发出噪声时，应对V形带进行检查，如图3—8所示。

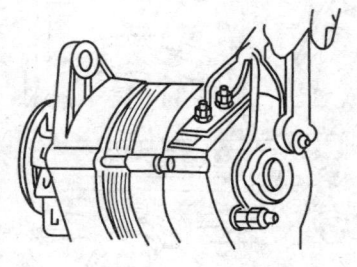
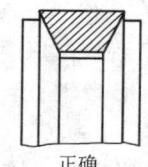 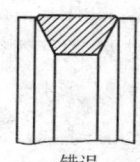

正确　　　错误

图3—7　交流发电机的紧固　　图3—8　检查发电机V形带啮合情况

4. 发电机V带松紧度的检查

如图3—9所示，大拇指用力（30～40 N）压下发电机与发动机之间的V带，其挠度应符合出厂规定，一般为10～15 mm，否则应予以调整。如果V带有老化、裂纹，应予以更换。

图3—9　V带松紧度的检查

5. 调整 V 带的松紧度

把楔形带按顺序绕放在曲轴-带轮、冷却液泵带轮、转向助力泵带轮、过渡轮和张紧轮上。用扳手按顺时针方向转动张紧轮，拔出销子，再用扳手逆时针转动，直至将传动带张紧，如图 3—10 所示。

6. 其他项目的检查

发电机壳体不得有裂纹，若轴承内缺油，不宜加油后继续使用，应更换轴承。V 形带槽内不能有毛刺，以免损伤 V 形带。V 形带轴孔与轴的配合过盈量为 0.01～0.04 mm，若松旷应加工修复。转子轴承的轴向和径向间隙不得大于 0.20 mm，否则应予以更换。

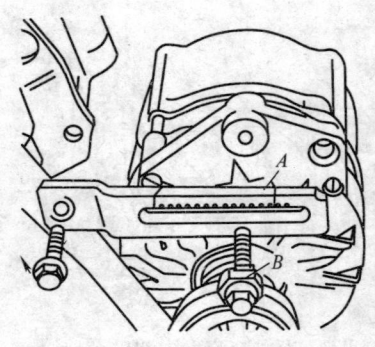

图 3—10　调整 V 带的松紧度
A—张紧卡板　B—张紧螺母

作业 2　发电机的拆装

1. 发电机的解体

如图 3—11 所示，发电机的解体步骤如下：

（1）拆下前端盖连接螺栓，分解前端盖、带轮、转子、后端盖、整流调压器。

（2）拆下定子绕组端头，从后端盖上取出定子。

（3）拆下电刷架，取出电刷总成、二极管、整流子及电容器。

（4）拆下带轮固定螺母，取下带轮、半圆键、风扇、轴套，使转子和前端盖分离。

2. 发电机的组装

发电机的组装按照解体相反的顺序进行。

作业 3　发电机的检查

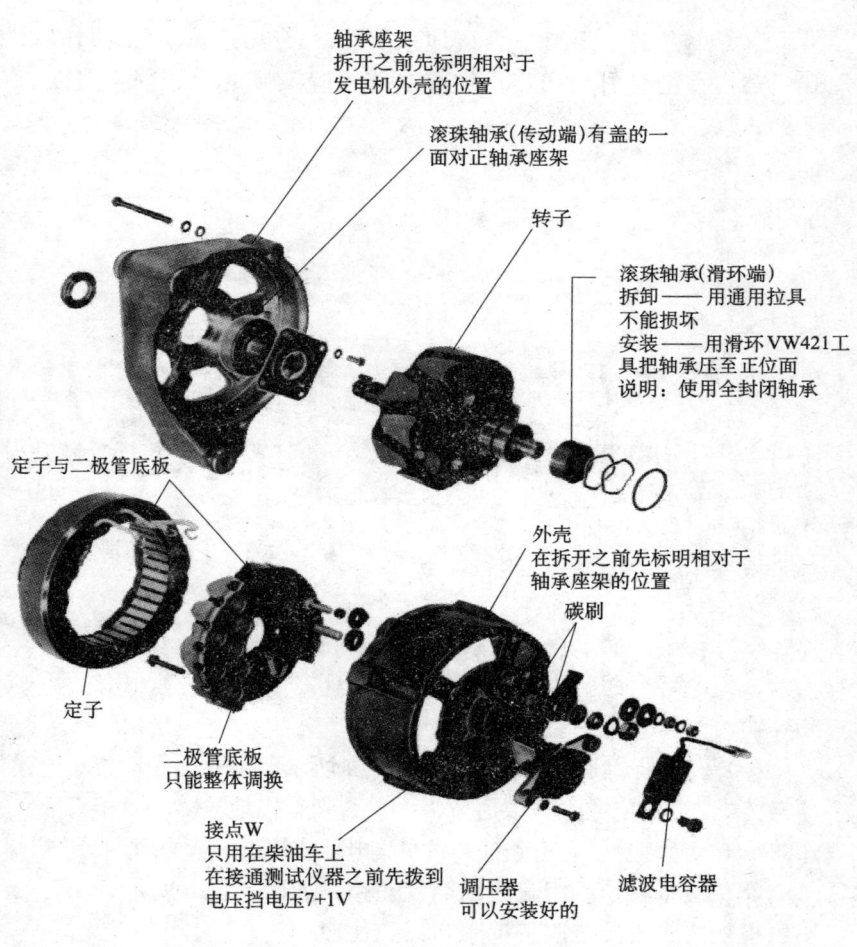

图 3—11 发电机的解体

1. 检查定子

(1) 检查定子表面。不得有刮痕,导线表面不得有碰伤、绝缘漆剥落现象。

(2) 检测定子绕组是否断路。如图 3—12 所示,用欧姆表 $R \times 1$ 挡检查绕组引线之间,应导通,否则应更换定子。

(3) 检测定子绕组是否接地。如图 3—13 所示,用欧姆表 $R \times 1$ 挡检查绕组引线和定子铁心之间,应不导通,否则应更换定子。

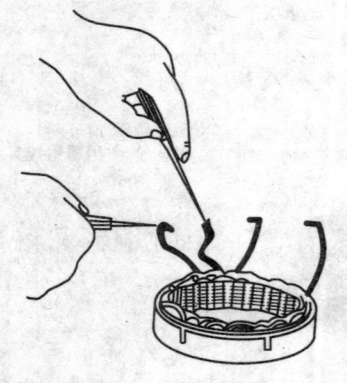

图 3—12 检测定子绕组断路故障　　图 3—13 检测定子绕组接地故障

2. 检查转子

(1) 转子表面不得有刮痕,否则表明轴承松旷,应更换前后轴承。集电环表面应光洁平整,两集电环之间的槽内不得有油污和异物。

(2) 转子绕组是否接地。如图 3—14 所示,用万用表检查集电环与转子之间的电阻,其数值应为∞,否则有接地故障。对于有故障的转子应予以更换,有条件的可对集电环或绕组进行修理。

(3) 检查转子绕组是否断路及短路。如图 3—15 所示,用万用表检查两集电环之间的电阻,其数值应为 $3 \sim 4\ \Omega$。大于此值,表明有断路故障;小于 $3\ \Omega$ 时,说明有短路故障。

(4) 转子轴与集电环的检修。转子轴的径向圆跳动可用百分表检测,如图 3—16 所示,其径向圆跳动不得超过 0.01 mm,否则应予以校正。集电环表面如烧蚀严重或失圆,可用车床修整,其最大偏摆量应不超过 0.05 mm,最后用细砂布抛光并吹净粉屑。

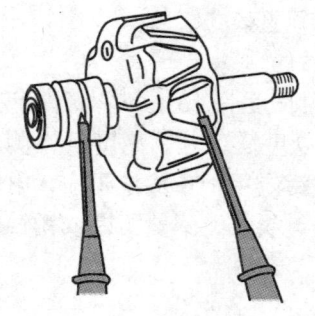 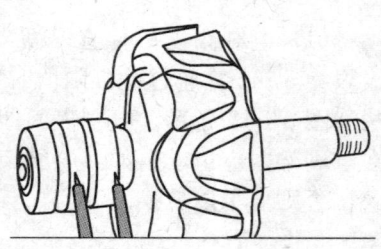

图 3—14 检测磁场绕组接地故障　图 3—15 检测磁场绕组断路、短路故障

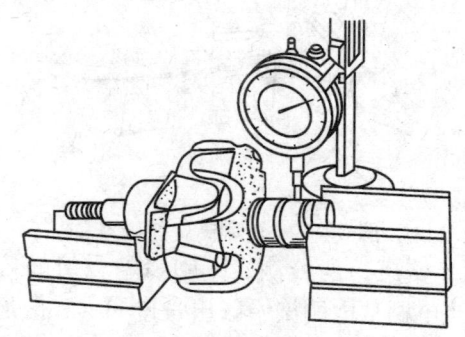

图 3—16 检测转子轴的径向圆跳动

3. 检查二极管

(1) 检查二极管正向电阻。将万用表的负极表笔接二极管底板上的粗螺栓，正极表笔依次接于与定子绕组相接的各结合点，每次测量的电阻值均应为 50～80 Ω。

(2) 检查二极管反向电阻。将万用表正表笔接散热架（负极），负极表笔依次与各结合点相接，每次测量的电阻值均须为 50～80 Ω。

(3) 检查励磁二极管。将万用表负极表笔接二极管底板上的细螺栓，正极表笔依次接各结合点，每次测量的电阻值均须为 50～80 Ω。

以上各测量值若与标准不符，必须更换二极管。

4. 电刷的检查

(1) 电刷高度的检查。新电刷的长度为 13 mm，允许磨损极限为 5 mm，超过此极限值时应予以更换。电刷高度的检测方法如图 3—17 所示。电刷表面如有油污应用干布擦拭干净，电刷在电刷架内应滑动自如。电刷架不得有裂纹、弹簧折断或锈蚀现象，否则应予以更换。

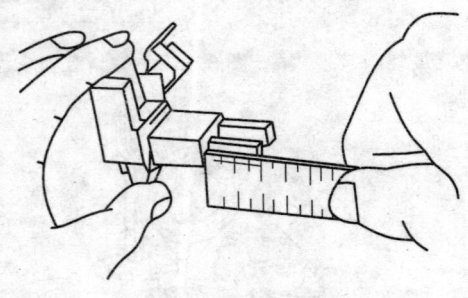

图 3—17 电刷高度的检测

(2) 电刷弹簧压力的检测。电刷弹簧弹力的检测方法如图 3—18 所示，当电刷从电刷架中露出长度为 2 mm 时，天平秤上指示的读数即为电刷弹簧压力，其值应为 2～3 N，弹簧弹力过小时，应更换新电刷。

(3) 电刷的更换。更换电刷可按图 3—19 所示进行，先将电

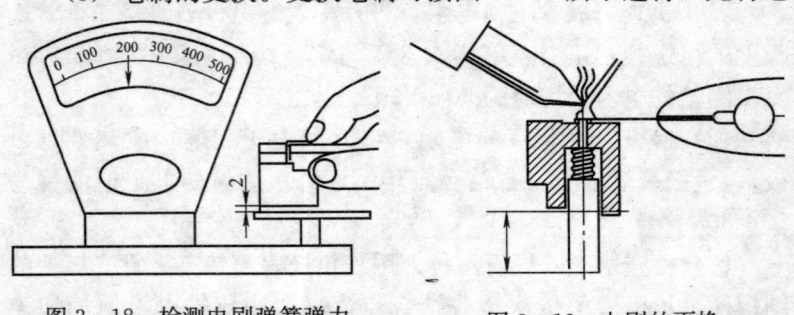

图 3—18 检测电刷弹簧弹力　　图 3—19 电刷的更换

刷弹簧和新电刷装入电刷架内，然后用钳子夹住电刷引线，使电刷露出高度符合规定数值（13 mm），再用电烙铁将电刷引线与电刷架焊牢即可。

作业4　发电机的更换

1. 发电机更换的注意事项

(1) 操作电气装置前先断开蓄电池接地线。

(2) 在断开蓄电池之前，对于有防盗码的无线电设备，应先查询密码，预备重新连接后使用。

(3) 当蓄电池断开和重新接线时，根据维修手册或操作说明对车辆装备（收音机、时钟、舒适性电器、电动车窗升降机等）进行检查。

(4) 楔形带轮紧固螺母的旋紧力矩为 65 N·m。

(5) 在拆卸之前，需标明三角传动带的运转方向，安装时应注意正确的运行方向。如果传动带的旋向装反，将导致传动带损坏。如果传动带已损坏，必须立即更换，以免影响其功能。

2. 发电机的更换

(1) 发动机的拆卸。如图3—20所示，用扳手按顺时针方向

图3—20　发电机的拆卸

扳动张紧轮,将销子穿过张紧轮插入发动机机体上的孔中,使张紧轮固定,将传动带放松,取下楔形传动带。

(2) 拆下发电机。松开发电机的固定螺栓,取下发电机。

(3) 安装新发电机。如图 3—21 所示,按照顺序将新发电机固定到机体上并按照相应的力矩拧紧螺栓。

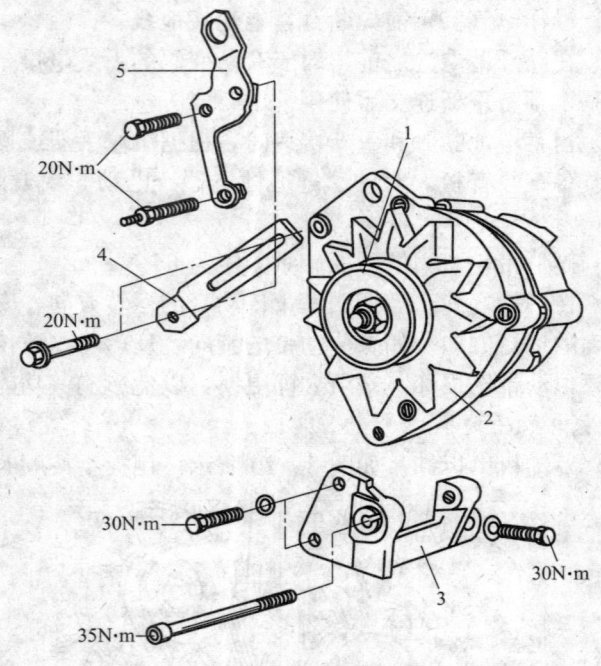

图 3—21 发电机的安装
1—V 形带　2—发电机　3、4、5—支架

(4) 安装楔形传动带。把楔形传动带按顺序绕放在曲轴一带轮、冷却液泵带轮、转向助力泵带轮、过渡轮和张紧轮上。用扳手按顺时针方向转动张紧轮,拔出销子,使扳手逆时针转动,直至将传动带张紧。起动发动机,检查传动带运行情况。

课题二 发电机电压调节器维护

学习目标
1. 了解发电机电压调节器的功用、分类和工作原理;
2. 掌握发电机电压调节器的检查方法。

一、发电机电压调节器的功用

当交流发电机转子转速和负载发生变化时,将会引起发电机的输出电压发生变化,因而不能满足用电设备的需要。基于这个原因,为了保证用电设备正常工作,防止蓄电池过充电,交流发电机配用了电压调节器,使其输出电压保持稳定。

二、发电机电压调节器的分类

交流发电机电压调节器按工作原理可分为触点式电压调节器、晶体管电压调节器、集成电路电压调节器、微机控制电压调节器4种。触点式电压调节器应用较早,这种电压调节器触点振动频率慢,存在机械惯性和电磁惯性,电压调节精度低,触点易产生火花,对无线电干扰大,可靠性差,寿命短,现已被淘汰;随着半导体技术的发展,采用了晶体管电压调节器,其优点是:三极管的开关频率高,且不产生火花,调节精度高,还具有质量轻、体积小、寿命长、可靠性高、电波干扰小等优点,现广泛应用于东风、解放及多种中低档车型;集成电路电压调节器除具有晶体管电压调节器的优点外,还具有超小型、安装于发电机的内部(又称内装式调节器),减少了外接线,冷却效果得到了改善,现广泛应用于桑塔纳、奥迪等多种轿车上。

三、电压调节器的工作原理

交流发电机电压调节器的工作原理:当交流发电机的转速升高时,电压调节器通过减小发电机的励磁电流 I_f 来减小磁通 $\varPhi$,

使发电机的输出电压 U_B 保持不变。

作业 1 发电机电压调节器的检查与维护

1. 电压调节器工作状态的检查

（1）电压调节器的好坏可用蓄电池或直流电源与直流试灯来检查。如图 3—22 所示，连接 12 V 的蓄电池和直流试灯时，试灯应亮；接 16～18V 电压时，试灯应不亮。否则应更换电压调节器。

（2）电子调节器管压降的检测。电子调节器管压降的检测电路如图 3—23 所示。接通开关 SB，调节可变电阻 R，使电流表的读数为 4 A 时，电压表的读数应不大于 1.5 V。

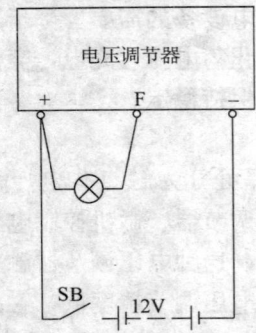
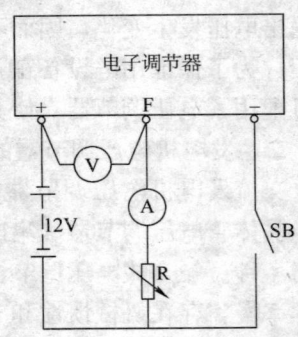

图 3—22 检查电压调节器和工作状态　　图 3—23 检查调节器管压降

2. 用万用表检查技术状况

用万用表测量各接线柱间的电阻值，判断电压调节器是否出现故障，电阻值的大小因电压调节器的型号不同而异，应符合出厂规定。与技术状况良好的调节器进行对比，来判断电压调节器技术状况。电压调节器技术状况的检查方法如下：

（1）测"+"与"F"间电阻。如图 3—24 所示，测"+"与"F"间电阻，正向电阻 $R=500\sim750\ \Omega$，反向电阻 $R=5\sim7.5\mathrm{k}\ \Omega$。

（2）测"+"与"−"间电阻。如图 3—25 所示，测"+"

与"—"间电阻,正向电阻 $R=1.6\sim1.8\ \Omega$,反向电阻 $R=3\sim4\ k\Omega$。

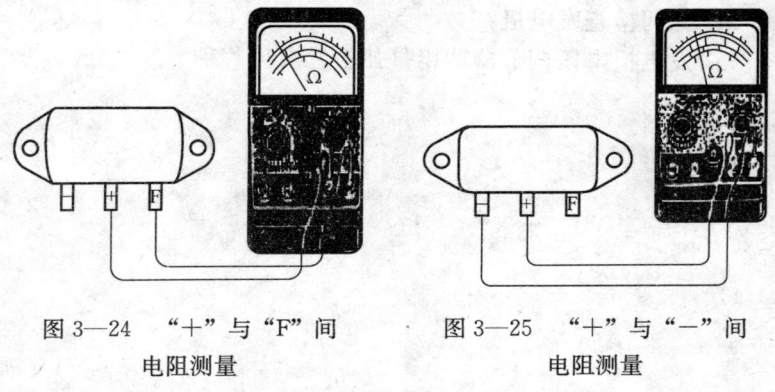

图3—24 "+"与"F"间　　图3—25 "+"与"—"间
　　　电阻测量　　　　　　　　电阻测量

(3) 测"F"与"—"间电阻。如图3—26所示,测"F"与"—"间电阻,正向电阻 $R=550\sim600\ \Omega$,反向电阻 $R=4\sim5\ k\Omega$。

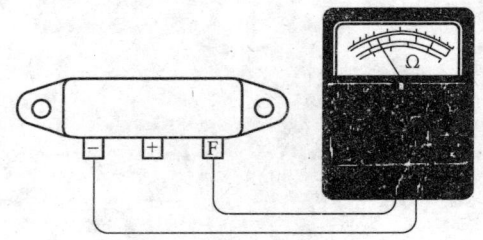

图3—26 "F"与"—"间电阻测量

3. 发电机电压调节器的更换

断开电源,拆下旧的电压调节器及其连线,换上新的电压调节器并接好连线,接上电源。

练 习 题

1. 发电机的功用是什么?

2. 发电机分哪些种类？
3. 叙述发电机的基本组成和工作原理。
4. 如何检查发电机？
5. 发电机电压调节器功用是什么？有哪些种类？

单元四　起动系的维护

课题一　起动机的维护

学习目标
1. 了解起动机的功用、结构和工作原理；
2. 掌握起动机的拆装、检查、维护以及更换方法。

一、起动机的功用

发动机在燃料供给系统、点火系统、汽缸压力正常的情况下，设法使曲轴转速达到一定值即可被起动。起动系统的功用就是通过转动曲轴起动发动机，发动机起动之后，起动系统便立即停止工作。

二、起动机的结构原理

起动机是汽车发动机起动的主要动力源，主要由直流电动机、传动机构和操纵机构三部分组成。其结构如图 4—1 所示。起动机的主要技术参数见表 4—1。

1. 直流电动机

直流电动机主要由定子总成、转子总成（电枢）、换向器和前后端盖等组成。

（1）定子总成　定子总成由励磁绕组、磁极（定子铁心）和起动机壳体组成。定子铁心和励磁绕组通过螺钉固定在圆筒形的起动机壳体上，4 个励磁绕组两两串联后再并联连接，如图 4—2 所示。

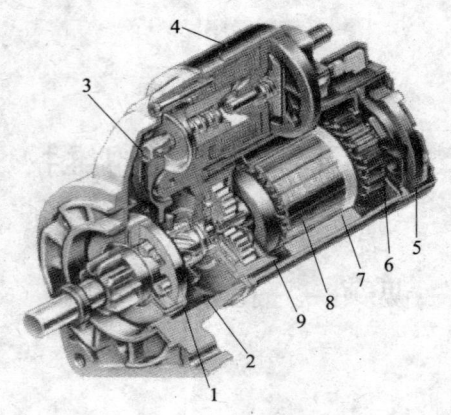

图 4—1 起动机结构

1—超越离合器 2—前端盖 3—拨叉 4—电磁开关组件
5—后端盖 6—电刷 7—定子 8—电枢 9—壳体

表 4—1　　　　　　起动机技术参数

型号	QD1225、QD1229	最大输出转矩/(N·m)	≮13
额定电压/V	12	驱动齿轮齿数/个	9
额定功率/kW	0.95	压力角/(°)	12
制动电流/A	≤480	驱动齿轮模数/mm	2.116 7
起动电流/A	110	质量/kg	4.7

(2) 转子总成　如图4—3所示,转子总成主要由电枢轴、电枢绕组、铁心和换向器等组成。整流子的结构如图4—4所示。

(3) 电刷组件　电刷组件由电刷、电刷架和电刷弹簧等组成。电刷架固定在电刷端盖上,电刷安放在电刷架内。直接固定在负向电刷架中的电刷称为负向电刷;用绝缘板将电刷架绝缘固定在电刷架盖上的电刷架称为正向电刷

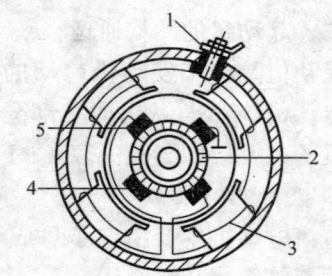

图 4—2　定子总成

1—接线柱　2—换向器　3—磁极与励磁绕组
4—负向电刷　5—正向电刷

架，安装在正向电刷架内的电刷称为正向电刷。电刷弹簧压在电刷上，其作用是保证电刷与换向器接触良好。

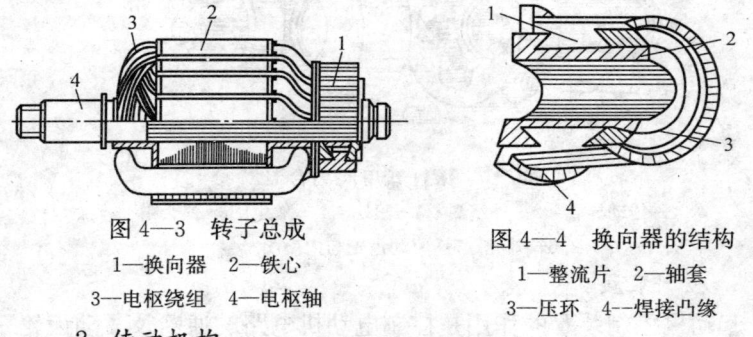

图4—3　转子总成
1—换向器　2—铁心
3—电枢绕组　4—电枢轴

图4—4　换向器的结构
1—整流片　2—轴套
3—压环　4—焊接凸缘

2．传动机构

传动机构主要由单向离合器和驱动齿轮组成。传动机构的结构如图4—5所示，滚柱式单向离合器的结构如图4—6所示。

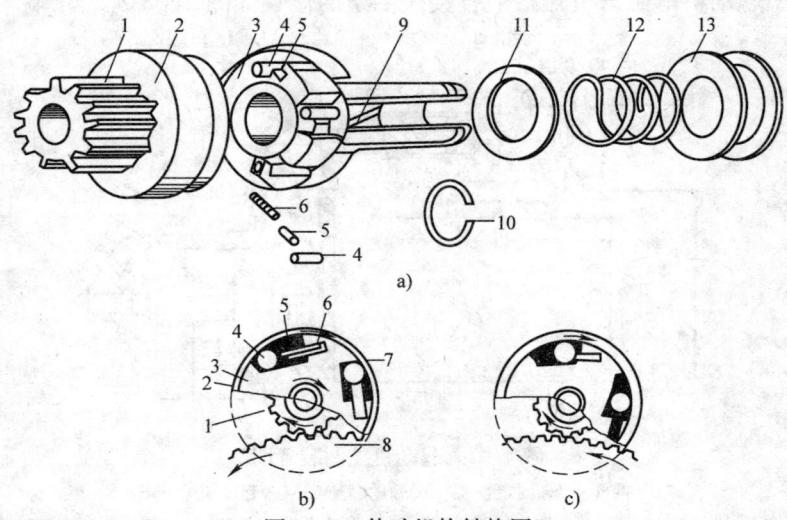

图4—5　传动机构结构图
a) 单向离合器构造　b) 起动齿轮与飞轮齿圈接合　c) 起动齿轮与飞轮齿圈脱离
1—起动齿轮　2—外座圈　3—十字头（内座圈）　4—滚柱　5—柱塞
6、12—弹簧　7—楔形槽　8—飞轮齿圈　9—内有螺旋槽的花键套筒　10—卡簧
11—挡圈　13—滑套（拨叉用）

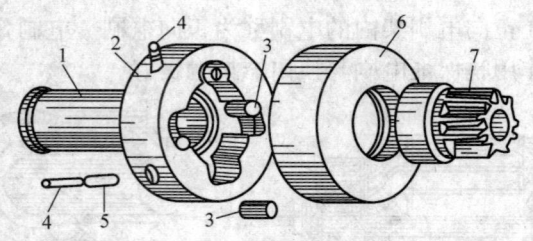

图 4—6 滚柱式单向离合器
1—传动导管 2—外座圈 3—滚柱 4—弹簧 5—弹簧帽
6—外壳 7—驱动齿轮与内座圈

3. 控制装置

起动机控制装置的作用是控制电动机电路的通断及驱动齿轮与飞轮齿圈的啮合与分离。桑塔纳轿车采用的是电磁式控制开关，控制机构的结构原理如图 4—7 所示。QD1225 型和 QD1229 型起动机电磁开关盖板上各接线端子的位置如图 4—8 所示。端

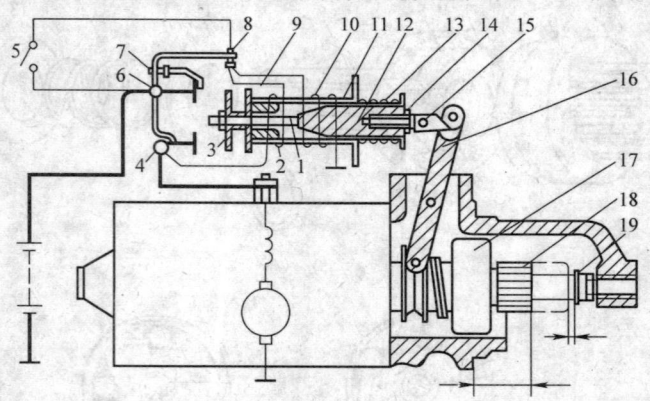

图 4—7 起动机控制装置图
1—推杆 2—固定铁心 3—开关触点 4—起动机 C 端子
5—点火起动端子 6—起动机 30 端子 7—起动机 15a 端子 8—起动机 50 端子
9—吸引线圈 10—保持线圈 11—铜套 12—活动铁心
13—回位弹簧 14—调节螺钉 15—挂钩 16—移动叉
17—单向离合器 18—驱动齿轮 19—止推垫圈

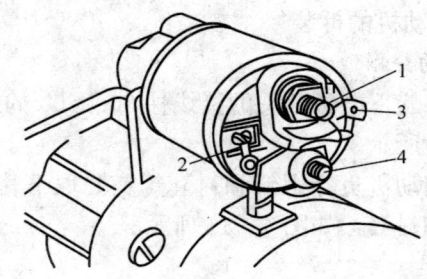

图 4—8 电磁开关端子位置

1—30 端子 2—15a 端子 3—50 端子 4—C 端子

子 50 和端子 15a 均为插片式单端子,端子 15a 为备用端子,未插任何导线。

作业 1 起动机的清洁与紧固

起动机外部需要经常保持清洁,各连接导线,特别是与蓄电池相连接的导线,都应该保证连接牢固可靠,汽车每行驶 3 000 km 时,应检查与清洁换向器,擦去换向器表面的炭粉和污物;汽车每行驶 5 000~6 000 km 时,应检查测试电刷的磨损程度以及电刷弹簧的压力,均应在规定范围之内;每年对起动机进行一次解体性保养。

起动机驱动齿轮端面与端盖凸缘间距应符合规定值,间距不当时,可通过定位螺钉调整或加减垫片来解决。起动机各轴承与轴颈及轴承孔之间均不得有松动、歪斜等现象,起动机各轴承的配合应符合技术要求。单向离合器的检查,如图 4—9 所示,将离合器驱动齿轮夹在台虎钳上,在花键套筒中套入花键轴,将扳手接在花键轴上,测得力矩应大于规定值 (24~26 N·m),否则说明离合器打滑。反向转动离合器应不卡滞,否则应修理或更换离合器总成。

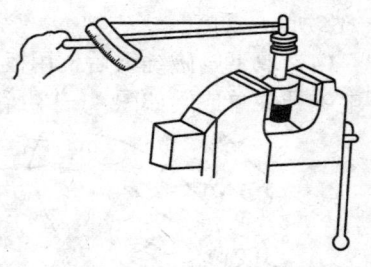

图 4—9 检查起动机离合器

作业 2　起动机的拆装

1. 起动机的分解

（1）用扳手旋下电磁开关的接线柱 30 及 50 的螺母，取下导线，如图 4—10 所示。

（2）旋下起动机贯穿螺钉和衬套螺钉，取下衬套座和端盖，取出垫片组件和衬套，如图 4—11 所示。

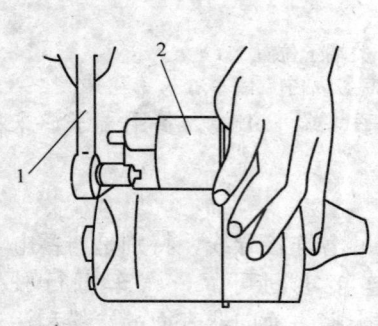

图 4—10　起动机导线的拆卸　　图 4—11　起动机衬套及端盖的拆卸
　　1—扳手　2—电磁开关　　　　1—起动机　2—衬套座　3—端盖

（3）用尖嘴钳将电刷弹簧抬起，拆下电刷架及电刷，如图 4—12 所示。

（4）取下励磁绕组后，用扳手旋下螺栓，从驱动端端盖上取下电磁开关总成，如图 4—13 所示。

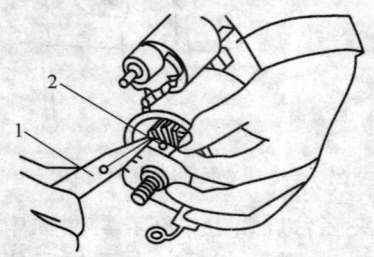
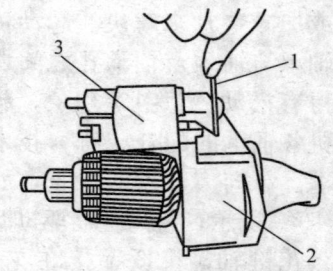

图 4—12　起动机电刷的拆卸　　图 4—13　起动机电磁开关的拆卸
　　1—尖嘴钳　2—电刷弹簧　　　1—扳手　2—驱动端盖　3—电磁开关

(5) 在取出转子后,从端盖上取下传动叉,然后取出驱动齿轮与单向离合器,再取出驱动齿轮端衬套,如图 4—14 所示。

2. 起动机的组装

起动机的组装按起动机分解的相反顺序进行,但应注意以下事项:

(1) 安装时,衬套中应涂上润滑脂。

(2) 如图 4—15 所示,用止推垫圈调整驱动齿轮的轴向间隙(推到极限位置),标准值为 0.3～1.5 mm。

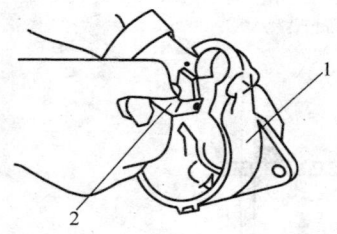 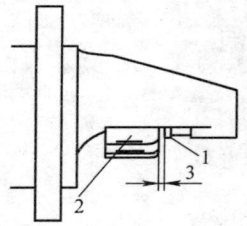

图 4—14 起动机传动叉的拆卸
1—端盖 2—传动叉

图 4—15 起动机驱动齿轮轴向间隙的调整
1—止推垫圈 2—驱动齿轮
3—驱动齿轮轴向间隙

作业 3 起动机的检查

1. 电枢总成的检查

(1) 换向器的检查 换向器的检查包括外观检查、圆度检查及外径的检查等。

1) 换向器的外观检查。检查换向器表面是否脏污或烧蚀,如有应及时清理。必要时,用 300～400 号砂纸打磨或在车床上对其外圆进行修整,如图 4—16 所示。

2) 换向器圆柱度的检查。用 V 形铁将换向器支撑在平板上,然后用磁力表架上的百分表检查换向器的圆度值,如图 4—17 所示。一般换向器圆度误差应小于 0.05 mm,极限值为 0.4 mm。

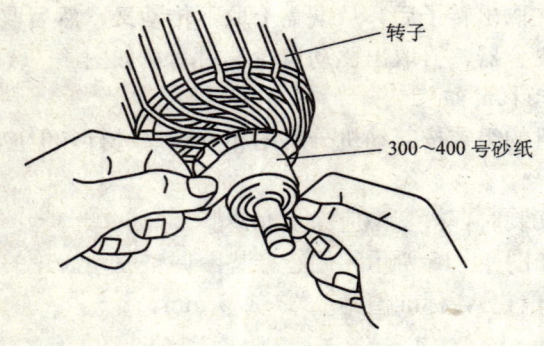

图 4—16 换向器的打磨

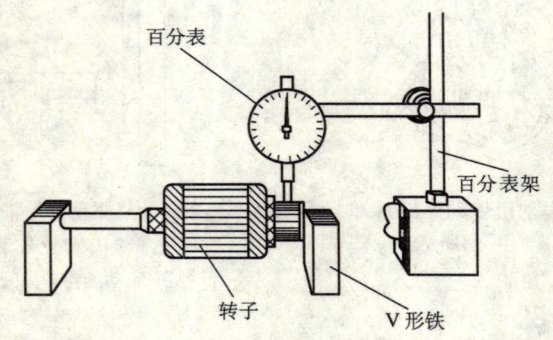

图 4—17 换向器圆柱度的检查

若换向器的圆度值超过极限值,则应更换转子。

3) 换向器外径的检查。用游标卡尺检查换向器外径尺寸,如图 4—18 所示。换向器外径一般不得比标准值小 1 mm 以上,否则应更换转子。

4) 换向器云母片槽深度的检查。用三用游标卡尺检查换向器云母槽深度,如图 4—19a 所示。换向器云母槽深度尺寸一般为 0.5~0.8 mm,极限值为 0.2 mm。如果云母槽深度低于极限值,可先用锯片修整,再用细砂纸打磨,如图 4—19b 所示。

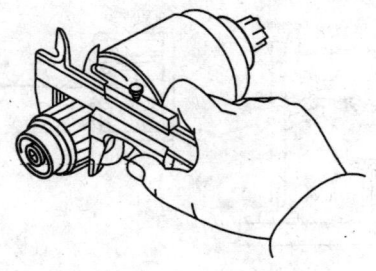

图 4—18 换向器外径的检查

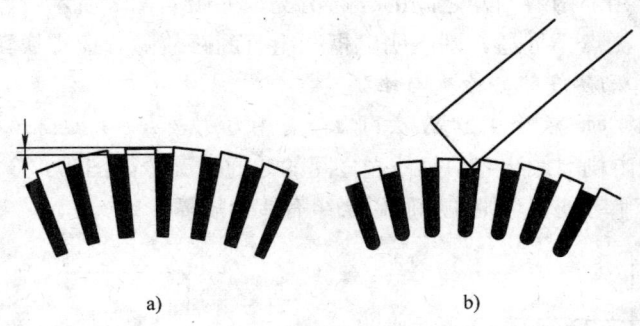

图 4—19 换向器云母片槽深度的检查
a) 检查换向器底部凹槽深度　b) 换向器云母片槽修整

(2) 电枢轴弯度的检查　用 V 形铁将换向器支撑在平板上，然后用磁力表架上的百分表检查电枢轴弯曲度，如图 4—20 所示。其径向圆跳动量应不大于 0.08 mm，否则，会造成与定子磁场相碰现象，必须进行校正。

(3) 电枢绕组的检查

1) 电枢绕组接地故障的检查。用万用表 $R \times 1$ k 或 $R \times 10$ k 挡测量换向器和铁心之间的电阻，如图 4—21 所示，万用表指示的电阻值应为无穷大，如果被测量阻值较小，甚至为零，则说明电枢绕组有接地故障，应更换转子。

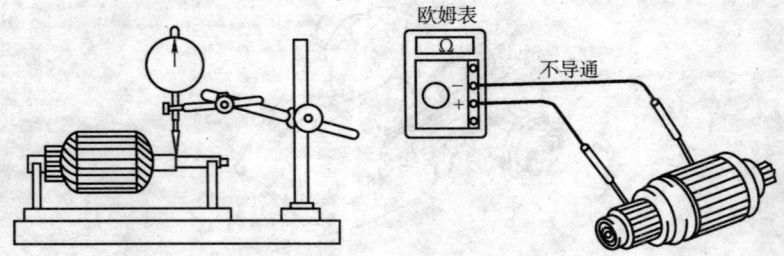

图4—20 电枢轴弯度的检查　　图4—21 电枢绕组接地故障的检查

2) 电枢绕组断路故障的检查。用万用表$R\times 1\ k$或$R\times 10\ k$挡检查相邻两换向器之间的导通情况,如图4—22所示。如果任何一个测点不导通,则表明电枢绕组有断路故障,应更换转子。

2. 励磁绕组的检查与维护

(1) 励磁绕组接地故障的检查　用万用表$R\times 1\ k$或$R\times 10\ k$挡测量电刷引线与起动机外壳之间的导通情况,如图4—23所示,其间应不导通,否则说明励磁绕组有接地故障。

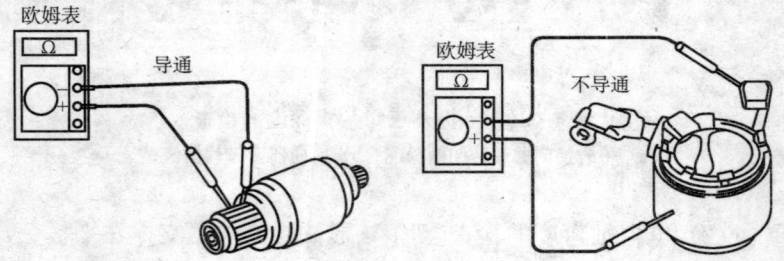

图4—22 电枢绕组断路故障的检查　图4—23 励磁绕组接地故障的检查

(2) 励磁绕组断路故障的检查　用万用表$R\times 1\ k$或$R\times 10\ k$挡测量电刷引线与电刷的导通情况,如图4—24所示,其间应导通,否则说明励磁绕组有断路故障。

3. 电刷总成检查

(1) 电刷架及电刷弹簧的检查

1) 电刷架的检查。电刷架在后端盖上应固定牢固,其几何形状要标准。同时,两只接地电刷架必须接地良好;两只绝缘电刷架必须绝缘。其检查方法如图 4—25 所示。

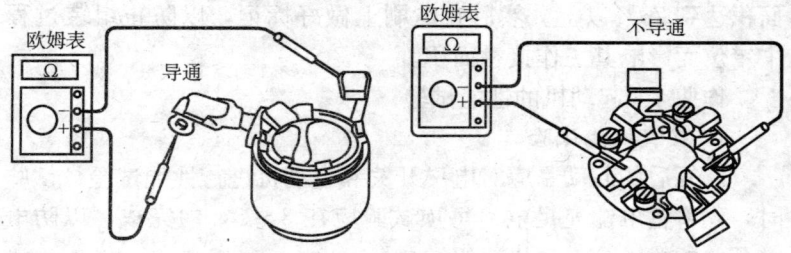

图 4—24 励磁绕组断路故障的检查　　图 4—25 电刷架的检查

2)电刷弹簧的检查。电刷弹簧应在其架上固定良好,并有足够的弹簧力将电刷紧压在换向器的工作面上,保证起动电流的畅通。电刷弹簧的最小弹力应为 12~15 N,其检查方法如图 4—26 所示。

(2)电刷的检查与维护

1)电刷的长度应不小于原尺寸的 2/3,电刷的标准长度为 13 mm,最小长度为 8.5 mm,如图 4—27 所示。

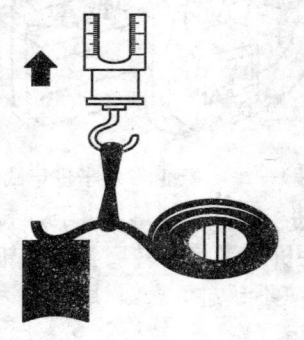 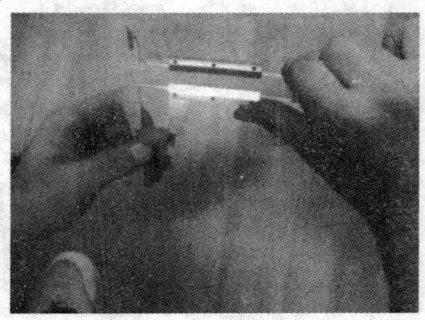

图 4—26 电刷弹簧的检查　　图 4—27 电刷的测量

2)电刷工作面的检查与研磨。电刷工作面面积应不少于 75%,并要求电刷在电刷架内没有卡滞现象,否则需要进行研磨。电刷研磨的方法是:先在电枢换向器上缠上 400~500 号砂纸（砂面朝外），装上起动机端盖和需要研磨的电刷，再用台钳夹住端盖，用手转动电枢进行研磨，使电刷与换向器的接触工作面积达到75%以上。然后在电刷上做好标记，以防止组装过程中错位而影响其工作接触面积。

作业4　起动机的性能试验

1. 空载性能试验

修复后的起动系应对电磁开关和电动机进行性能试验。试验时，先将蓄电池充足电，每项试验应在3～5 s内完成，以防电磁开关的线圈或电动机绕组被烧坏。

图4—28所示为起动机的空载试验线路，将起动机与蓄电池和电流表（量程为0～100 A以上的直流电流表）连接。蓄电池正极与电流表正极连接，电流表负极与起动机30端子连接，蓄电池的负极与起动机外壳连接。

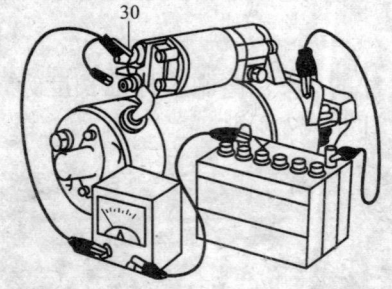 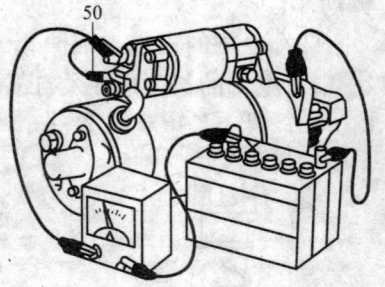

图4—28　起动机的空载试验　　图4—29　接通50端子进行试验

如图4—29所示，用带夹电缆将30端子与50端子连接起来，此时驱动齿轮应向外伸出，起动机应平稳运转。当蓄电池电压大于或等于11.5 V时，消耗电流应不超过50 A，用转速表测量电枢轴的转速应不低于5 000 r/min。

如电流大于50 A或转速低于5 000 r/min，说明起动机装配过紧或电枢绕组和磁场绕组有短路或接地故障。如电流和转速都低于标准值，说明电动机电路接触不良，如电刷与换向器接触不良或电刷弹簧弹力不足等。

2. 电磁开关试验

(1) 吸引动作试验　将起动机固定到台虎钳上,拆下起动机端子 C 上的磁场绕组电缆引线端子,用带夹电缆将起动机 C 端子和电磁开关壳体与蓄电池负极连接,如图 4—30 所示。用带夹电缆将起动机 50 端子与蓄电池正极连接,此时驱动齿轮应向外移动。如驱动齿轮不动,说明电磁开关吸引线圈有故障,应予以修理或更换。

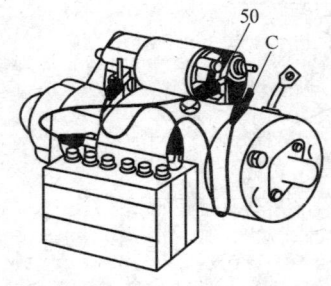
图 4—30　吸引动作试验线路

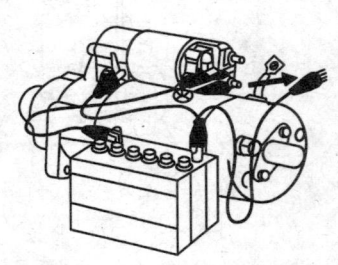
图 4—31　保持动作试验方法

(2) 保持动作试验　在吸引动作试验基础上,当驱动齿轮保持在伸出位置时,拆下电磁开关 C 端子上的电缆夹,如图 4—31 所示,此时驱动齿轮应保持在伸出位置不动。如驱动齿轮回位,说明保持线圈断路,应予以修理。

(3) 回位动作试验　在保持动作的基础上,再拆下起动机壳体上的电缆夹,如图 4—32 所示,此时驱动齿轮应迅速回位。如驱动齿轮不能回位,说明回位弹簧失效,应更换弹簧或电磁开关总成。

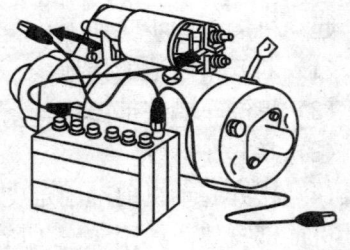
图 4—32　回位动作试验方法

3. 全制动试验

如图 4—33 所示,将起动机放在测距台上,用弹簧秤 5 测出其发出的力矩,当制动电流小于 480 A 时,输出最大力矩应不小于 13 N·m。

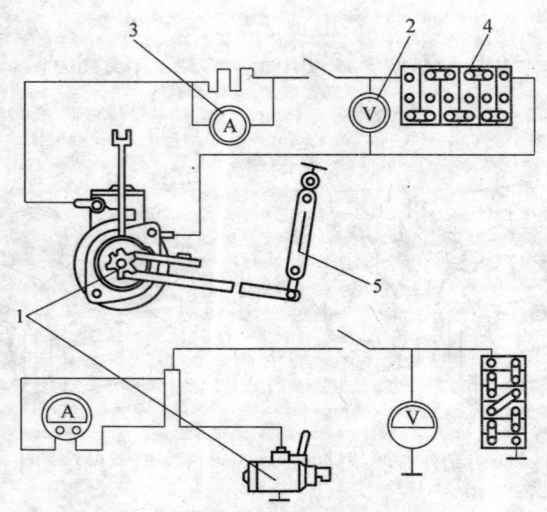

图 4—33 起动机的全制动试验
1—起动机 2—电压表 3—电流表 4—蓄电池 5—弹簧秤

作业 5 起动机的更换

1. 起动机的拆卸

起动机的拆卸步骤如下:

(1) 断开蓄电池的接地线。
(2) 拆卸车辆底部挡板。
(3) 举起车辆。
(4) 松开起动机前部固定支架的三个固定螺栓 1 和 2,拆卸起动机前部支架;如图 4—34 所示。
(5) 拔下导线插头 1,松开导线固定螺母 2、取下导线 3,如图 4—35 所示。

(6) 拆卸起动机在变速箱上的两个固定螺栓,如图 4—36 所示。

(7) 拆卸起动机。

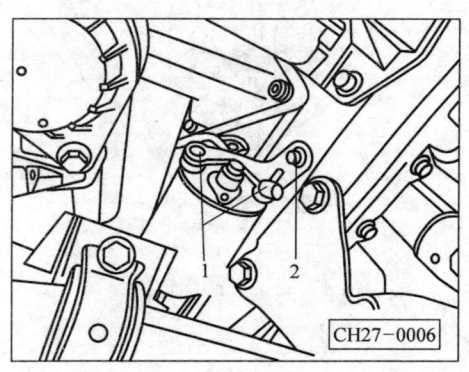

图 4—34 拆卸三个固定螺栓

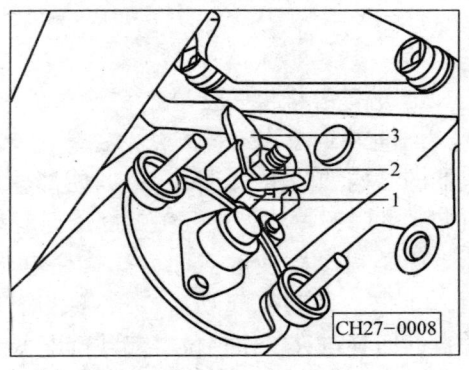

图 4—35 拆卸导线

2. 起动机的安装

起动机的安装与拆卸步骤相反。注意:起动机的后部固定螺栓的拧紧力矩为 60 N·m。

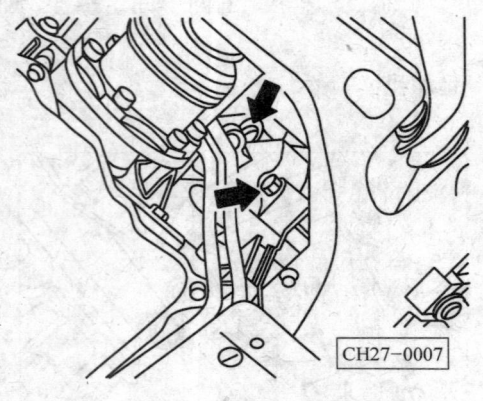

图 4—36 拆卸固定螺栓

课题二 起动继电器的维护

学习目标

1. 了解起动继电器的结构原理；
2. 掌握起动继电器的检查维护方法。

起动继电器的结构如图 4—37 所示，其内部原理如图 4—38 所示。发动机起动的时候，将点火开关钥匙旋至起动挡位，起动继电器通电后，吸下可动臂使触点闭合，接通电磁开关线圈电路，起动机投入工作。发动机起动后，只需要松开点火开关钥匙，点火开关自动回到点火工作挡位，起动继电器线圈断电，触点打开，电磁开关也随即断开，起动机停止工作。

利用起动继电器控制电磁开关，能减小通过点火开关起动触点的电流，避免烧蚀触点，延长使用寿命。有些汽车上的起动继电器在改进控制电路以后，还能起到自动停止起动机工作及安全保护的作用。

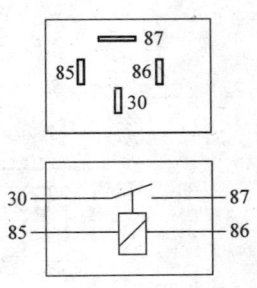

图 4—37 起动继电器的结构　　图 4—38 起动继电器内部原理

作业 1　起动继电器的检查

1. 测量继电器磁化线圈电阻

用万用表欧姆挡测量继电器磁化线圈电阻，应在 $10\sim15~\Omega$，测量方法如图 4—39 所示。

2. 测量继电器触点的接触电阻

用万用表欧姆挡测量继电器触点的接触电阻，不得超过 $0.05~\Omega$，测量方法如图 4—40 所示。

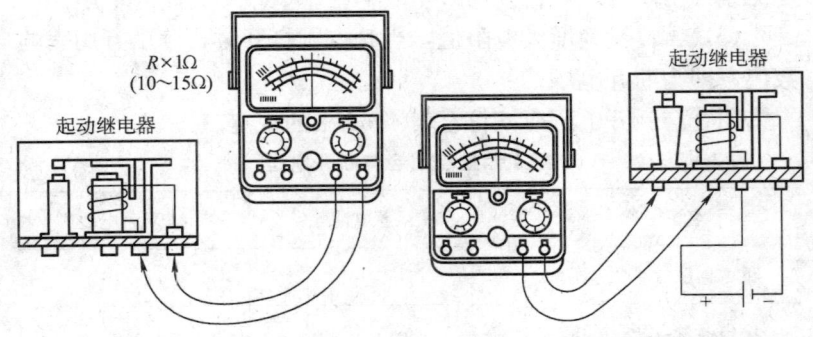

图 4—39　测量继电器磁化线圈电阻　　图 4—40　测量继电器触点的接触电阻

3. 调整起动继电器闭合电压与断开电压

如图 4—41 所示接好电路，调整起动继电器闭合电压与断开电压。

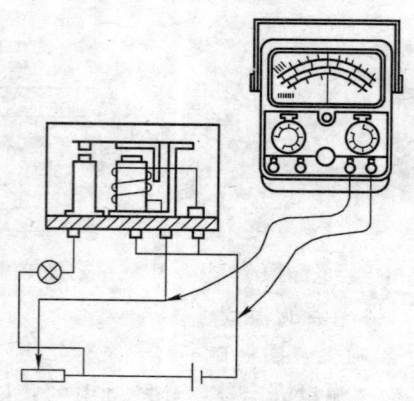

图 4—41 调整起动继电器闭合电压与断开电压

（1）先把电位器调整到最大值。

（2）慢慢地减少电阻值，继电器线圈处在电压慢慢升高，当触点刚好再闭合时，再读出万用表的指示值，即为闭合电压。

（3）再慢慢地增大电阻值，当触点刚打开时，读出万用表的数值，即为断开电压。

闭合与断开电压应该符合表 4—2 中的规定。

表 4—2　　　　　继电器触点闭合与断开电压　　　　　　V

名　　称	12 V 蓄电池	24 V 蓄电池
继电器触点闭合电压	6～7.6	14～16
继电器触点断开电压	3～5.5	4.5～8

练 习 题

1. 起动机的功用是什么？

2. 叙述起动机的基本组成和工作原理。
3. 如何进行起动机性能试验？
4. 如何更换起动机？
5. 叙述起动继电器的工作原理及检查方法。

单元五　灯光、仪表系统的维护

课题一　照明系统的检查与维护

学习目标
1. 了解汽车照明系统的功用、结构；
2. 掌握汽车照明系统的检查与维护方法。

汽车照明系统主要用于夜间行车照明、车内照明、仪表照明及检修照明。照明系统由照明设备、电源、线路、控制开关等部分组成。照明装置包括车外照明、车内照明和工作照明三部分。

车外照明装置包括前照灯、雾灯、倒车灯、牌照灯等。

车内照明装置包括仪表灯、顶灯、阅读灯等。

工作照明装置包括行李箱灯、发动机罩灯。

1. 前照灯

前照灯主要用于夜间行车时道路照明，灯光为白色。前照灯包括远光灯和近光灯两种。远光灯用于保证车前道路 100 m 以外明亮而均匀的照明，功率一般为 50～60 W；近光灯是在会车和市区内使用，避免来车时使驾驶员眩目，也能保证车前 50 m 内的路面照明，功率一般为 30～50 W。

前照灯的光学组件由灯泡、反射镜、配光镜三部分组成，如图 5—1 所示。灯泡有单灯丝和双灯丝两种。

2. 雾灯

雾灯采用黄色灯泡，其穿透功能好，雾天用来照明道路和发出警示。桑塔纳 2000 汽车设有前雾灯和后雾灯，前雾灯左右各

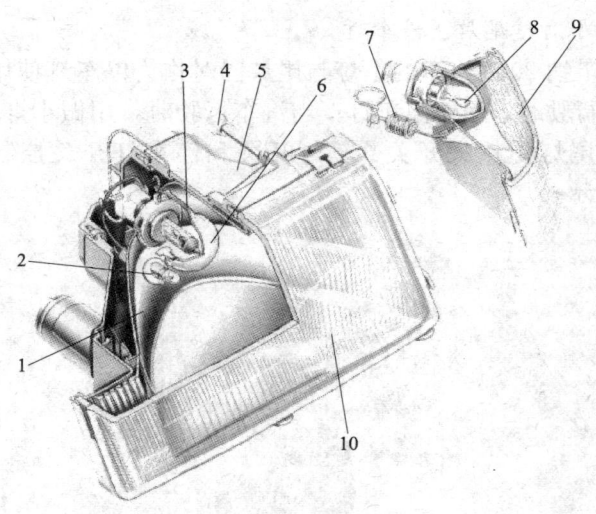

图 5—1 组合前照灯结构
1—前照灯反射镜 2—驻车灯灯泡 3—前照灯灯泡 4—调光螺栓 5—灯体
6—遮光罩 7—拉簧 8—前转向灯灯泡 9—前转向灯配光镜 10—前照灯配光镜

一个,规格为 12 V/55 W;后雾灯只有一个,安装在左后方,规格为 12 V/21 W。雾灯由车灯开关和雾灯开关控制,如图 5—2 所示。

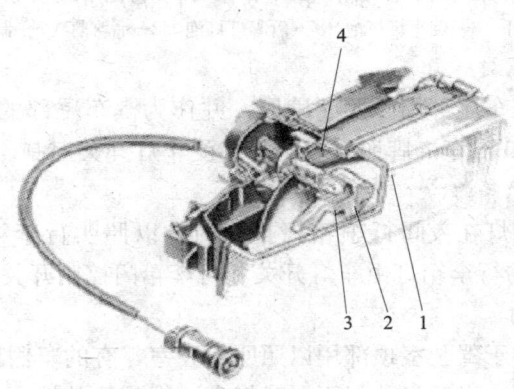

图 5—2 前雾灯
1—雾灯配光镜 2—遮光罩 3—雾灯灯泡 4—雾灯反射镜

3. 小灯、尾灯、停车灯

桑塔纳 2000 汽车的小灯与尾灯同时作为停车灯使用，当汽车停车行驶时，用作停车灯；当汽车行驶时，用做小灯和尾灯。小灯和尾灯受点火开关、车灯开关和停车灯开关控制，如图 5—3 所示。

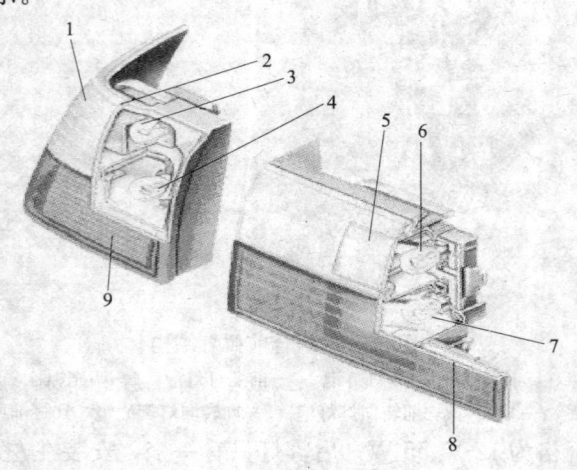

图 5—3　组合后照灯

1—后转向灯　2—后转向灯配光镜　3—后转向灯灯泡　4—制动/尾灯灯泡
5—倒车灯　6—倒车灯灯泡　7—后雾灯灯泡　8—后雾灯　9—制动/尾灯

4. 牌照灯

装在汽车尾部用以照明牌照，并作为汽车尾部的灯光标志。桑塔纳 2000 汽车的牌照灯有两只，受车灯开关控制。

5. 行李箱灯

行李箱灯在夜间行李箱门打开时，以照明行李箱，桑塔纳 2000 汽车的行李箱灯由车灯开关和行李箱门控制开关共同控制。

6. 顶灯

顶灯装于驾驶室顶部用以照明驾驶室，有的车辆顶灯还具有门灯的作用，当车门关闭不严时灯亮，提醒驾驶员注意。桑塔纳 2000 汽车的顶灯开关和门控开关共同控制。

7. 倒车灯与制动灯

倒车灯供倒车时车后的照明，并起到信号作用。倒车灯一般由变速器上的倒挡开关控制。制动灯在驾驶员踩下制动踏板时发光，以示汽车制动，避免尾随汽车碰撞的危险。制动灯由制动灯开关控制。

8. 其他照明灯

桑塔纳2000汽车上还有点烟器照明灯、雾灯开关照明灯、后风挡玻璃除霜器开关照明灯、空调开关照明灯、时钟照明灯、仪表盘照明灯等，用于辅助照明，它们均受车灯开关控制。

9. 车灯开关

车灯开关用来控制前照灯、雾灯、仪表灯、顶灯等电路。常见的灯开关有拉杆式、摇转式、组合式。桑塔纳2000汽车的转向柱上装有一套，包括点火开关、前风挡玻璃刮水器及清洗开关、转向灯开关以及变光开关的组合开关，如图5—4所示。

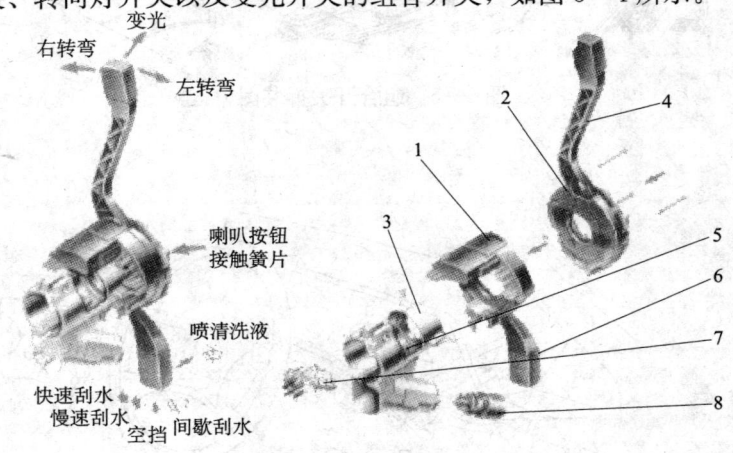

图5—4 组合开关

1—刮水、清洗、变光开关组件　2—转向灯开关组件　3—组合开关座体
4—转向灯开关与前照灯变光开关操纵手柄　5—锁舌　6—刮水器与清洗器开关的操纵手柄　7—点火与起动开关　8—点火、起动、转向轴锁的锁芯

作业 1 照明系统的拆装

1. 组合开关的拆装

组合开关安装在转向管柱上,包括点火开关、前风挡玻璃刮水及清洗开关、转向灯开关及变光开关等。组合开关的拆装如图 5—5 所示,转向管柱开关如图 5—6 所示。

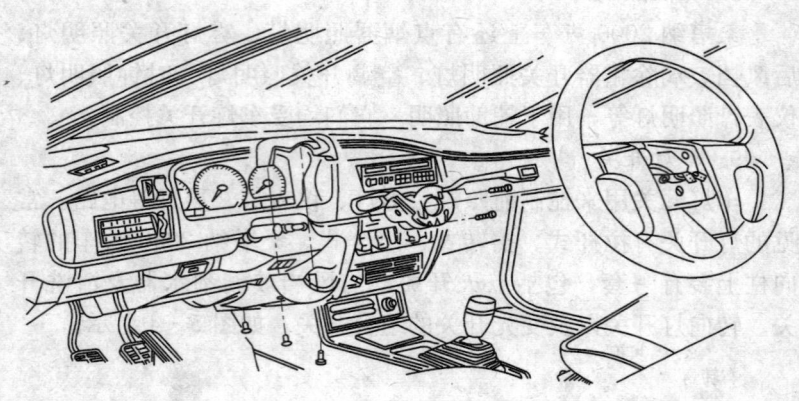

图 5—5 组合开关拆装图

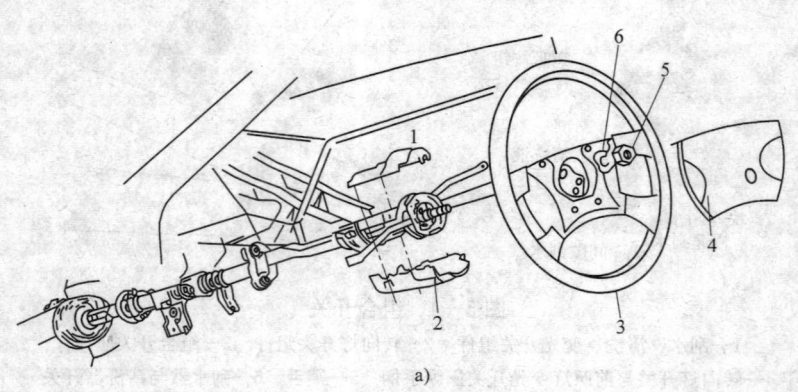

a)

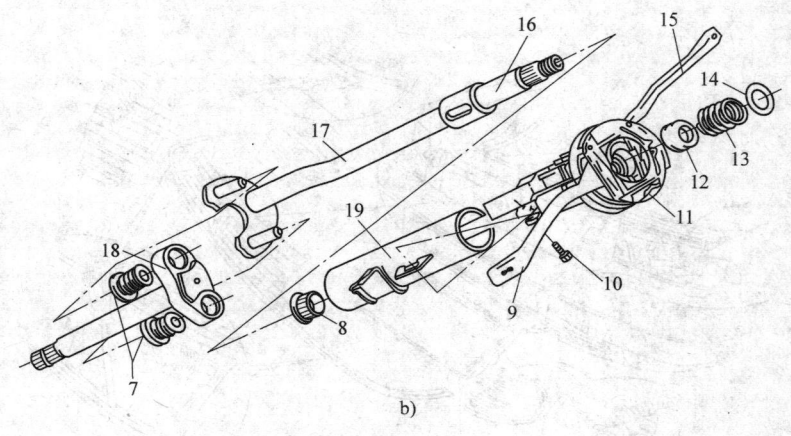

图 5—6　转向管柱开关
1—上装饰罩　2—下装饰罩　3—转向盘　4—盖板　5—六角螺母 M16
6—弹簧垫片　7—衬套　8—支承环　9—转向灯开关　10—圆头螺栓
11—喇叭簧片　12—接触环　13—压紧弹簧　14—垫片　15—刮水下清洗开关
16—转向管柱上端　17—转向管柱中部　18—转向管柱下端　19—套管

2. 前照灯、转向灯的拆装

前照灯、转向灯的拆装如图 5—7 所示，前照灯安装后应进行调节，在拆卸前照灯时应防止空气进入。转向灯修理时，可以从前照灯上拆下固定弹簧，拆卸转向灯时不需要拆卸前照灯，只要卸下转向灯，即可更换灯泡。图 5—8 所示为前照灯分解与组装图。

3. 雾灯的拆装

雾灯的拆装如图 5—9 所示。

4. 尾灯、牌照灯的拆装

尾灯、牌照灯的拆装如图 5—10 所示。

5. 行李箱灯的拆装

行李箱灯的拆装如图 5—11 所示。

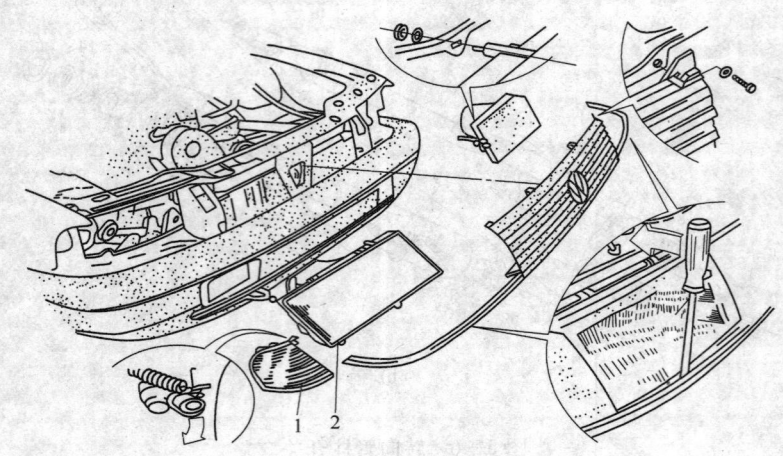

图5—7 前照灯、转向灯的拆装图
1—转向灯 2—前照灯

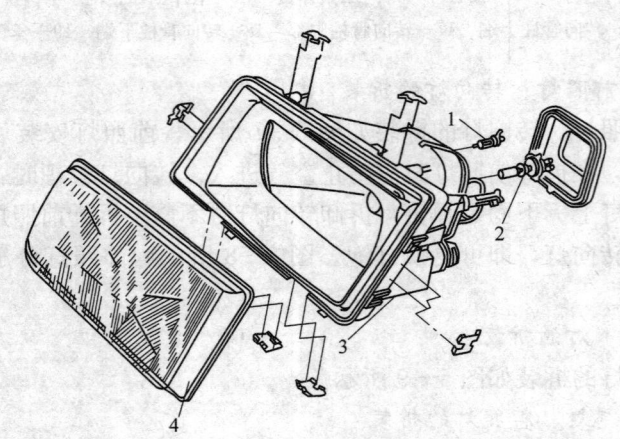

图5—8 前照灯的分解与组装
1—小灯灯泡 2—前照灯灯泡 3—前照灯壳体 4—前照灯灯罩

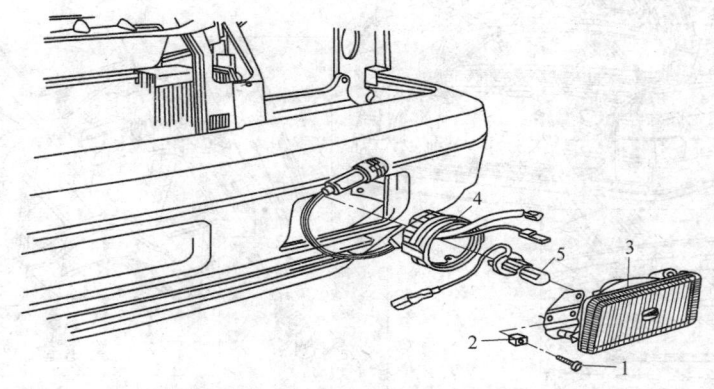

图 5—9 雾灯的拆装图
1—固定螺钉 2—固定螺母 3—雾灯灯罩 4—灯座 5—雾灯灯泡

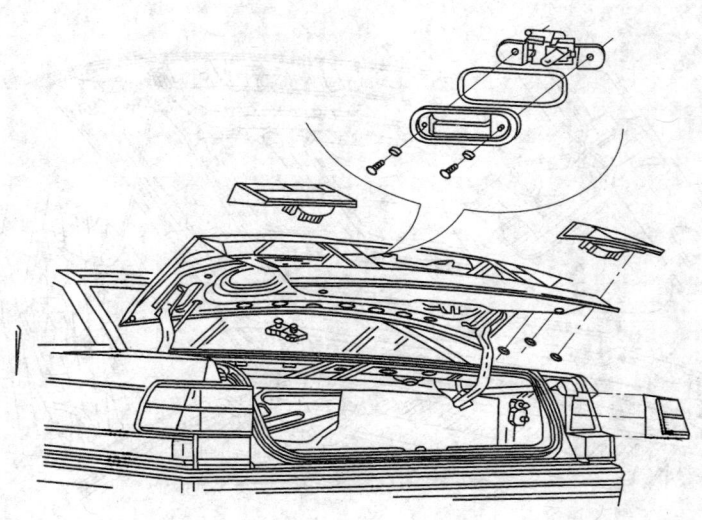

图 5—10 尾灯、牌照灯拆装图

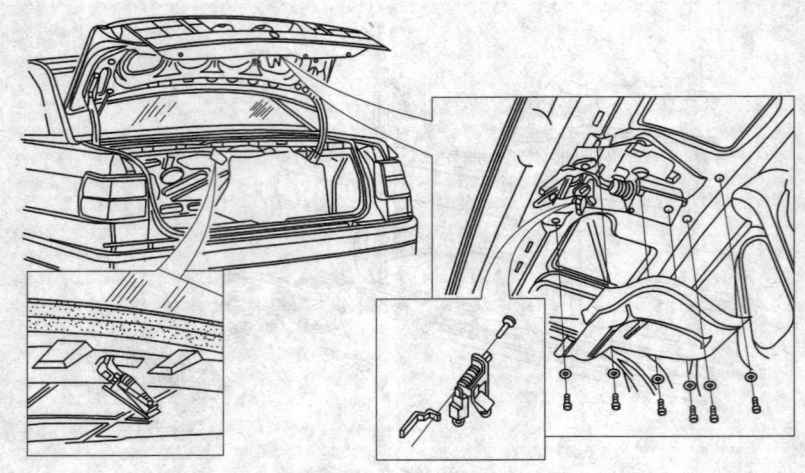

图 5—11 行李箱灯拆装图

6. 发动机室照明灯的拆装

发动机室照明灯的拆装如图 5—12 所示。

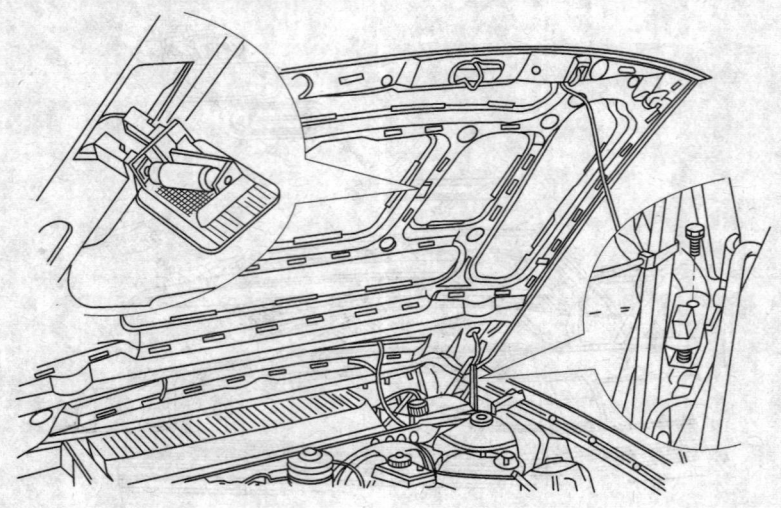

图 5—12 发动机室照明灯拆装图

7. 杂物箱照明灯的拆装

杂物箱照明灯的拆装如图 5—13 所示。

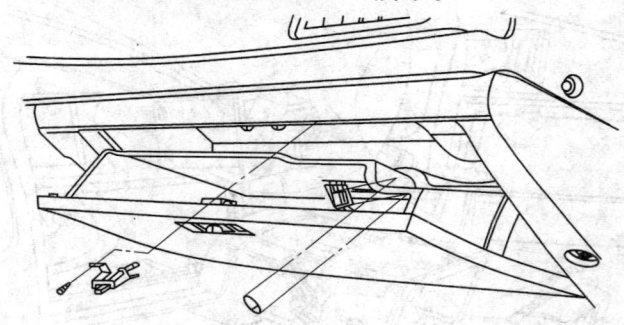

图 5—13　杂物箱照明灯拆装图

8. 车内照明灯的拆装

车内照明灯的拆装如图 5—14 所示。

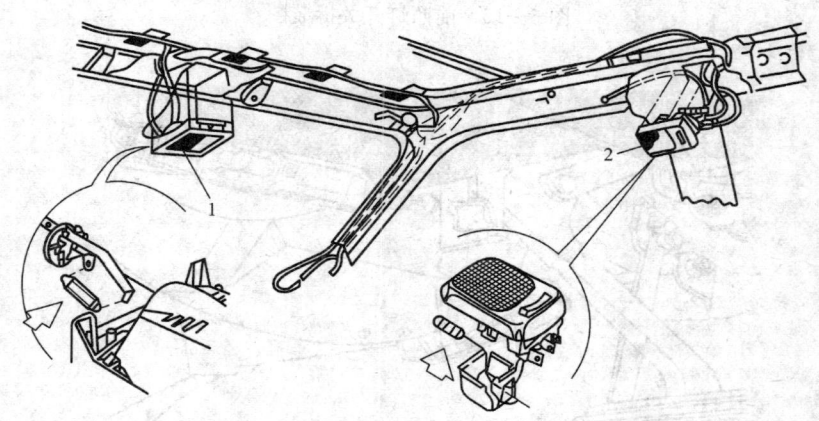

图 5—14　车内照明灯拆装图
1—车内照明灯　2—右侧或左侧顶灯

9. 照明灯开关的拆装

照明灯开关的拆装如图 5—15 所示。拆卸时，要用力压住。制动灯开关的拆装如图 5—16 所示。雾灯开关、报警灯开关的拆装如图 5—17 所示。

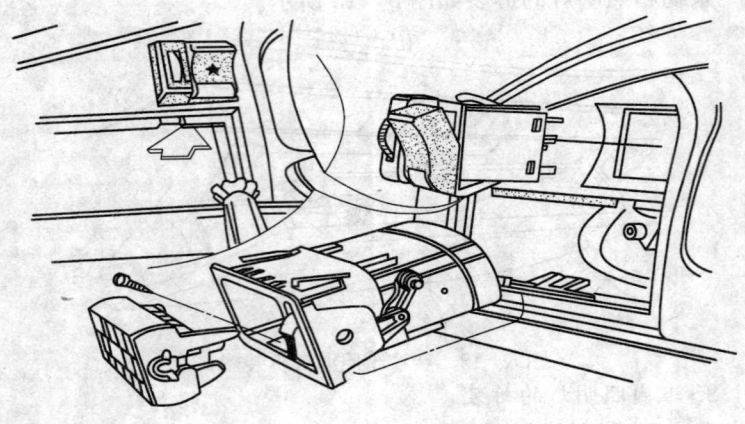

图 5—15 前照灯开关拆装图

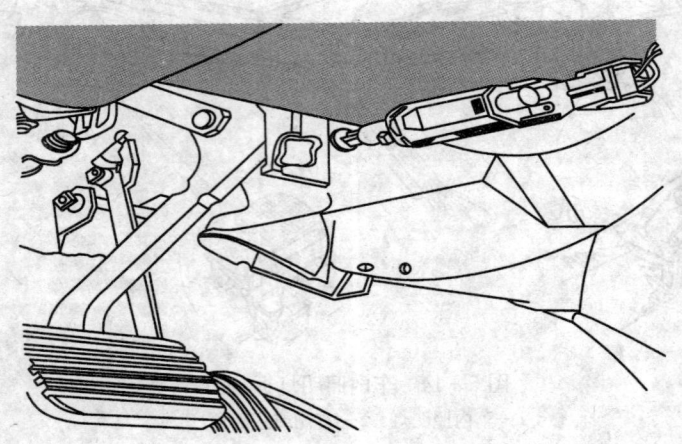

图 5—16 制动灯开关拆装图

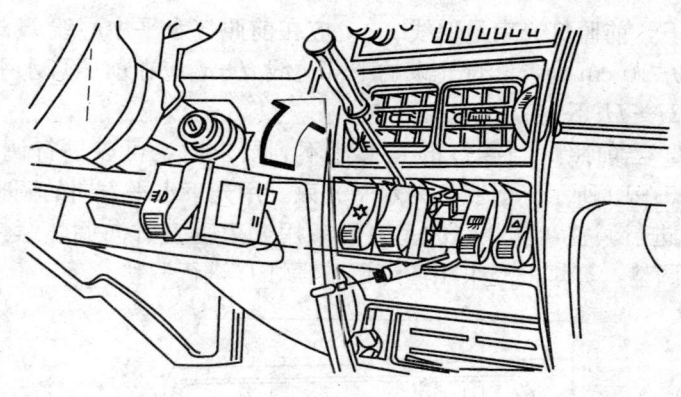

图 5—17 雾灯开关和报警灯开关拆装图

作业 2 前照灯和雾灯灯光光束的调整

1. 如图 5—18 所示,在车辆装备齐全(包括所有常规装备,例如备胎、工具、千斤顶、灭火机等)、轮胎气压正常、后座坐一人或放 70 kg 行李,车辆停放在平坦场地,距物体或人员 10 m 的

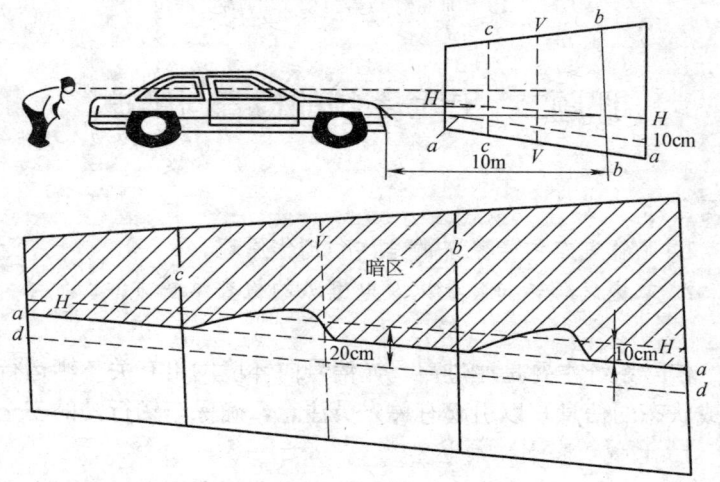

图 5—18 前照灯与雾灯光束的调整要求

情况下,前照灯光束最低线 a-a 应在前照灯水平中心线 H-H 的下方 10 cm 处,雾灯光束的下部边线 d-d 应在前照灯水平中心线 H-H 下方 20 cm。

2. 当前照灯与雾灯的光束达不到要求时,可以进行调整,如图 5—19 所示。前照灯的水平光束,用光束水平方向的调整螺钉 A 进行调整,前照灯的垂直光束用光束垂直方向调整螺钉 B 进行调整,雾灯的光束用雾灯调整螺灯 C 进行调整。

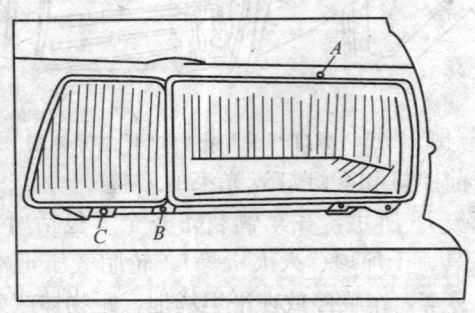

图 5—19 前照灯与雾灯灯光的调整部位

课题二 信号系统的检查与维护

学习目标

1. 了解汽车信号系统的结构和工作原理;
2. 掌握汽车转向装置以及电喇叭的检查维护方法。

信号系统主要是通过声、光信号向环境发出有关车辆运行状况或状态的信息,以引起有关人员注意,确保车辆行驶的安全。

1. 电喇叭和喇叭继电器

在中小型汽车上,多采用螺旋形和盆形电喇叭。盆形电喇叭具有体积小、质量轻、噪声小等优点。桑塔纳 2000 汽车上采用的是盆形电喇叭，有高音喇叭、低音喇叭各一个，并同步工作。

图5—20所示为盆形电喇叭的结构。电磁铁采用螺旋管式结构，铁心上绕有励磁线圈，上、下铁心间的气隙在线圈中间，所以能产生较大的吸力。它无扬声筒，而是将上铁心、膜片和共鸣板装在中心轴上。当电路接通时，励磁线圈产生吸力，上铁心被吸下与下铁心撞击，产生较低的基本频率，并激励膜片及膜片连成一体的共鸣板产生共鸣，从而发出比基本频率强得多、且分布又比较集中的谐音。

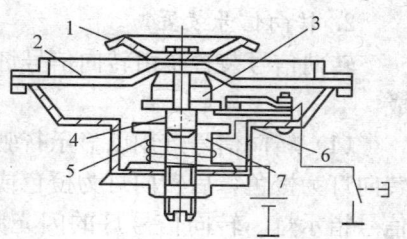

图5—20 盆形电喇叭结构图
1—共鸣片 2—膜片 3—振动块
4—活动铁心 5—电磁线圈
6—外壳 7—铁心

双音喇叭继电器是利用铁心线圈的小电流控制触点的大电流，从而保护转向盘按钮触点。图5—21所示为双音喇叭继电器的结构。按下转向盘上喇叭按钮时，蓄电池便经过喇叭继电器线圈形成小电流，使继电器铁心产生电磁吸力，并将继电器触点闭合，接通了双音电喇叭，喇叭发音。松开转向盘喇叭按钮时，继

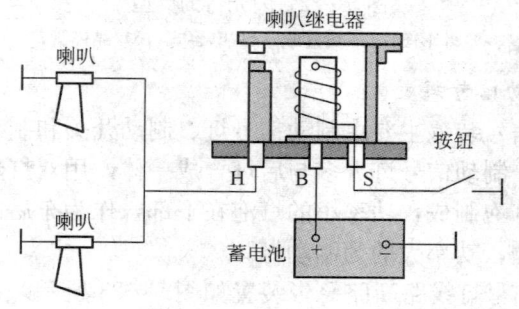

图5—21 双音喇叭继电器电路结构图

电器线圈断电,铁心电磁吸力消失。触点在自身弹力作用下张开,切断了电喇叭电路,电喇叭停止发音。

2. 转向信号装置

转向信号装置是由转向信号灯、闪光继电器和转向开关等组成。

(1) 转向信号灯用以显示行驶方向。前后转向灯各两个,前转向灯为橙色,后转向灯为橙色或红色,驾驶室内还有两个转向信号指示灯。转向信号灯的闪光频率应控制在 50~110 次/min 范围内,一般为 60~95 次/min。转向信号灯由转向开关控制。

(2) 闪光继电器用以控制转向信号灯的闪烁。常见的闪光器有电容式、翼片式、晶体管式 3 种,如图 5—22 所示。

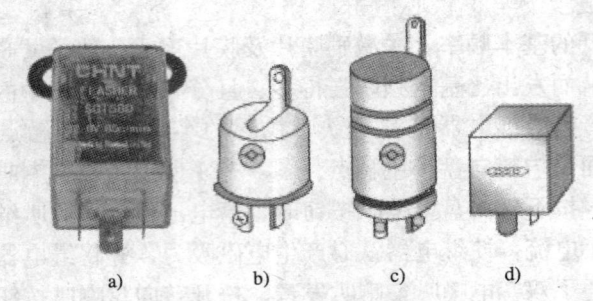

图 5—22 闪光器的类型
a) 外形图 b) 翼片式 c) 电容式 d) 晶体管式

3. 制动信号装置

制动信号装置主要由制动信号灯、制动开关和制动安全报警装置组成。制动信号灯大多与后灯合成一体,用双灯丝灯泡或两个单灯丝灯泡制成,功率小的灯泡在下部,作为车后的红光标志并照明牌照,功率大的为制动灯。

制动信号灯线路断路警告装置如图 5—23 所示,在正常情况下,左右电磁线圈产生磁力相互抵消,笛簧接触点在自身弹力作用下断开触点。如左右某一制动灯灯线断路,制动时只有左右电

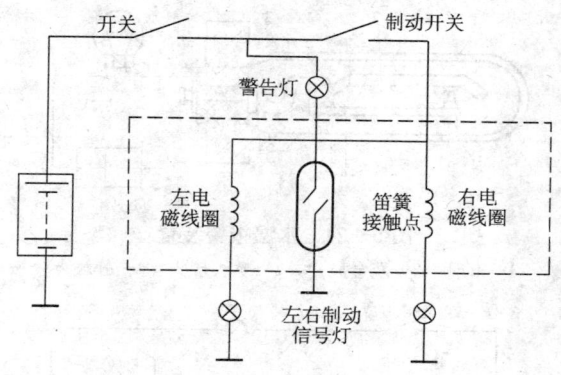

图 5—23 线路断路警告装置

磁线圈之一产生磁力,吸动笛簧接点闭合,警告灯亮,以示警。

4. 倒车灯与倒车蜂鸣器

倒车时,倒车灯闪烁,倒车报警鸣叫,以提醒车后车辆和行人。倒车时,倒挡拨叉轴的凹槽对准倒车开关的钢球,使开关闭合,电路接通。

5. 机油压力报警装置

机油压力报警装置以警报灯形式出现,通常有膜片和弹簧式两种。

6. 机油滤清器堵塞报警装置

机油滤清器堵塞报警装置由报警开关和警报灯组成,报警开关装于机油滤清器顶部,警报灯装于仪表板上。

7. 水温报警装置

水温报警装置基本结构如图 5—24 所示,它由传感器和警告灯组成。当温度升高到 95～98℃时,双金属片向静触点方向弯曲,使两触点接触,红色警告灯发亮,以引起驾驶员注意。

8. 燃油存油报警装置

燃油存油报警装置如图 5—25 所示,它由热敏电阻传感器和

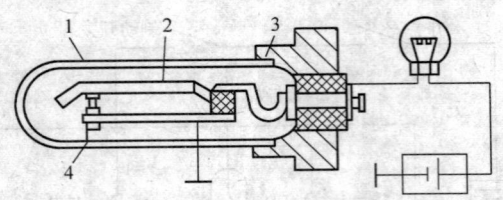

图 5—24 水温报警装置
1—套管 2—双金属片 3—螺纹接头 4—静触点

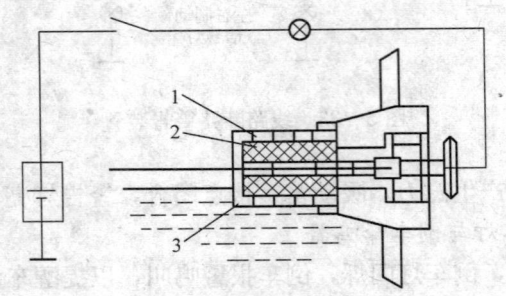

图 5—25 燃油存油报警装置
1—外壳 2—防爆用金属片 3—热敏电阻元件

警告灯组成。当燃油箱油量多时。负温度系数的热敏电阻元件被浸没在油中,温度低时阻值大,电流小,警报灯熄灭。当燃油量减少到规定值以下时,热敏电阻元件露出油面,散热慢,阻值减小,电流增大,警报灯发亮,以提醒驾驶员及时加注燃油。

作业 1 转向信号装置的检查与维护

转向信号装置主要由前后转向信号灯、转向指示灯、闪光继电器和转向开关等组成。

1. 检查电路的通断

检查熔断丝、电流表至转向开关的导线连接情况。若熔断丝烧断,应予以更换;导线连接不良,应重新连接。

2. 检查闪光继电器

用直流试灯一端接闪光继电器的 L1 接线柱,另一端接地。

若试灯不亮,说明闪光器存在故障应当拆下检查,必要时更换。

3. 检查转向开关和转向灯

将转向开关与接线柱用螺钉旋具搭接,若转向灯不亮,则说明转向灯泡烧坏,若转向灯闪烁,说明转向开关有故障。

作业2 电喇叭的检查与维护

1. 电喇叭的使用及维护

(1) 电喇叭使用注意事项

1) 电喇叭应通过装有弹簧片或橡皮垫的缓冲架安装到汽车上,切不可将电喇叭与车体做成刚性连接,因为喇叭在车上的安装固定方法对喇叭的声音有很大的影响。

2) 喇叭的额定电压应当与电源电压保持一致。当电源电压低于喇叭额定电压时,喇叭将发出不正常的声响。

3) 喇叭的触点应保持平整、清洁,且闭合时的接触面积不少于80%。

4) 不得用水直接冲洗喇叭筒,水进入喇叭筒会造成喇叭不响。

5) 按喇叭的时间不能过长,一般喇叭连续发音不应超过10 s,以免喇叭损坏。

(2) 电喇叭的维护

1) 清洁喇叭的外表,保持清洁。

2) 检查并紧固喇叭和支架的固定螺钉。

3) 检查并紧固喇叭的各接线端。

4) 按下喇叭按钮,检查按钮的动作是否灵活,倾听喇叭的发音是否正常。若不正常应进行整修。

2. 电喇叭的检查与调整

(1) 解体前的检查

1) 接线柱的检查,如图5—26所示。

2) 接线柱与外壳绝缘性能的检查,如图5—27所示。

(2) 解体后的检查

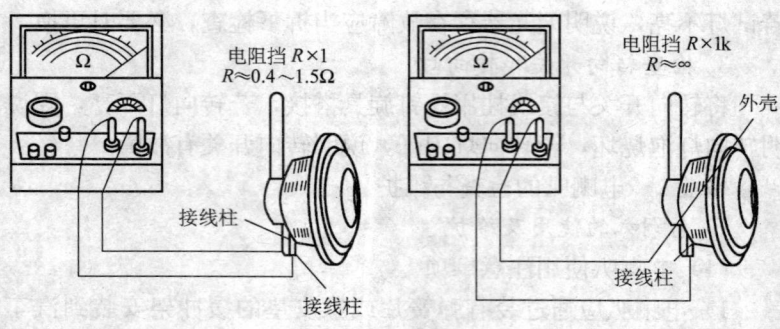

图 5—26 接线柱的检查　　　　图 5—27 接线柱与外壳
　　　　　　　　　　　　　　　　　　　　绝缘性能的检查

1) 喇叭线圈的检查，如图 5—28 所示。

2) 喇叭电容器的检查，检查前先放净其存电，如图 5—29 所示。

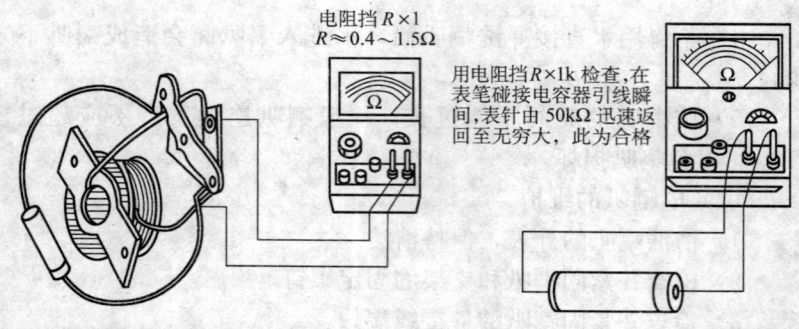

图 5—28 喇叭线圈的检查　　图 5—29 喇叭电容器的检查

（3）喇叭音量、音调的调整

1) 音调的调整

先松开铁心下部的锁紧螺母，再用旋具转动铁心。当顺时针转动时，上下铁心之间的间隙小，可以使音调调高；反之可降低音调。如图 5—30 所示。

2) 音量的调整

先松开音量调整螺栓锁紧螺母,再用旋具转动调整螺栓。当顺时针转动时,动静触点间的压力增大,可使音量调高;反之可降低音量。如图5—31所示。

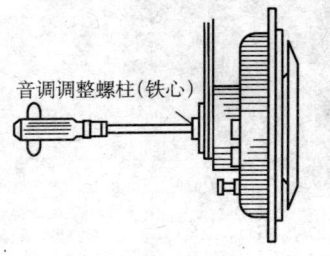

图5—30 音调的调整

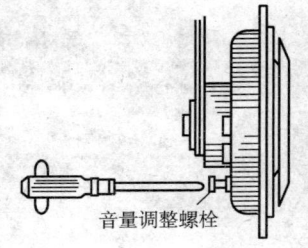

图5—31 音量的调整

课题三 仪表系统的结构与维护

学习目标

1. 了解汽车仪表系统的结构;
2. 掌握汽车仪表系统的拆装方法。

汽车仪表系统主要包括电流表、电压表、燃油表、水温表、机油压力表、发动机转速表、车速里程表等,图5—32所示为桑塔纳2000的汽车仪表机构外形。上海桑塔纳2000型轿车仪表板上主要有车速里程表、转速表、冷却液温度表、燃油表、时钟、动态油压报警、防冻液液位报警、高温报警、燃油不足报警、手制动作用、充电、后风挡玻璃加热除霜、远光指示、紧急闪光、ABS报警等二十几种仪表或显示装置。其中采用电子仪表或电子控制的装置有十几种。仪表板线路采用薄膜印制线路板,可以很方便地检查线路故障。仪表板显示采用导光装置、透过式标度盘及导光指针,使照明清晰美观,富有立体感。

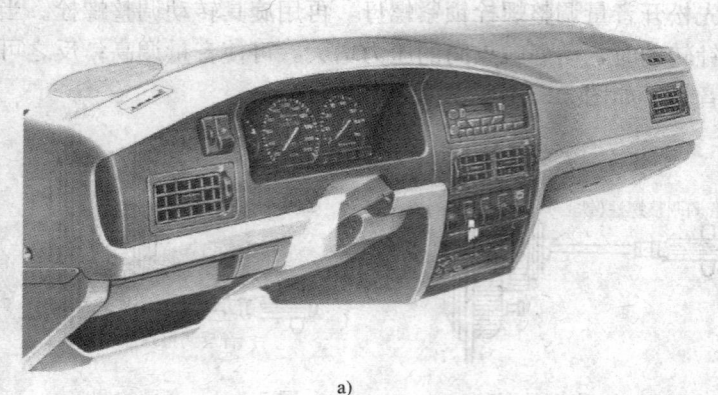

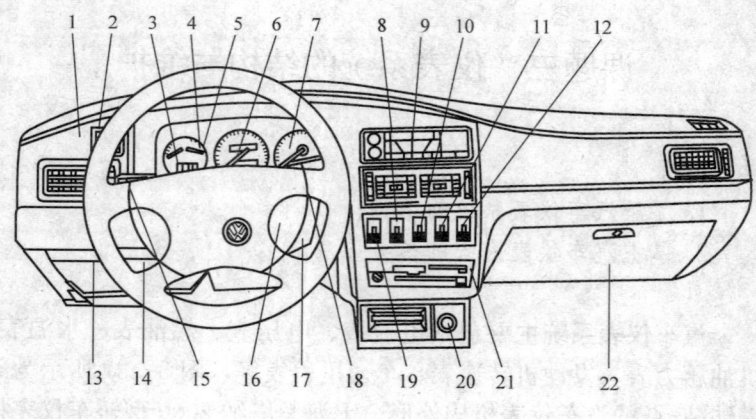

图 5—32 桑塔纳 2000 型轿车仪表机构外形图
a) 实物图　b) 仪表台外观

1—出风口　2—灯光开关和仪表板照明亮度调节器　3—电子钟
4—冷却液温度表和燃油量表　5—信号灯/警告灯　6—车速里程表
7—发动机转速表　8—后窗除霜开关（GSi）/备用　9—收放机
10—雾灯开关/紧急闪光灯开关（GSi）　11—防盗系统指示灯（GSi）/后窗除霜开关
12—紧急闪光灯开关/ABS指示灯（GSi 和加装 ABS 系统的车辆上）
13—熔丝盖板　14—阻风门拉手（仅 GLS）　15—转向信号灯及变光拨杆开关
16—喇叭按钮　17—点火开关及方向盘锁　18—风挡玻璃刮水器及洗涤剂喷射装置拨杆开关
19—空调开关　20—点烟器　21—空调控制面板　22—杂物箱

桑塔纳 2000 型轿车的组合仪表盘总成线路板采用薄膜印制线路，面板布置如图 5—33 所示。其中燃油量表、冷却液温度表、车速表、发动机转速表采用指针式仪表。

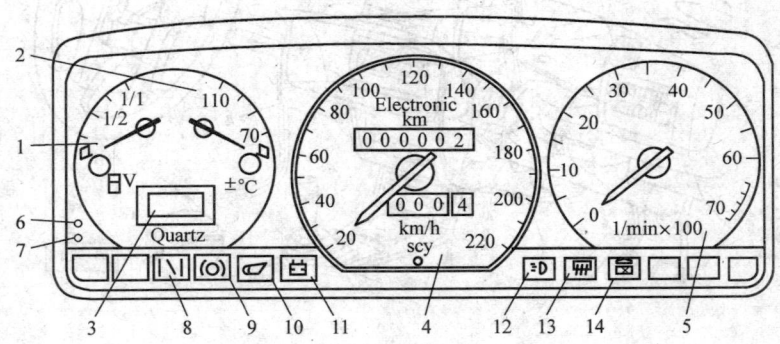

图 5—33　桑塔纳 2000 型轿车仪表盘
1—燃油表　2—冷却液温度表　3—电子液晶钟　4—电子车速里程表
5—电子发动机转速表　6—电子钟分钟调节钮　7—电子钟时钟调节钮
8—阻风门拉起指示灯（仅 GLS）　9—手制动拉起和制动液面警告灯
10—机油压力警告灯　11—充电指示灯　12—远光指示灯
13—后窗除霜加热指示灯　14—冷却液液面警告灯

作业 1　仪表系统的拆装

1. 仪表总成的拆卸，如图 5—34 所示。
2. 仪表板支架的拆卸，如图 5—35 所示。
3. 仪表的拆卸，如图 5—36 所示。
4. 里程表传感器的拆卸，如图 5—37 所示。
5. 燃油表传感器的拆卸

先拔掉进油管 1、回油管 2、呼吸管 3 的软管，再拔下连接插头 4，最后旋下锁紧螺母，拉出传感器，如图 5—38 所示。

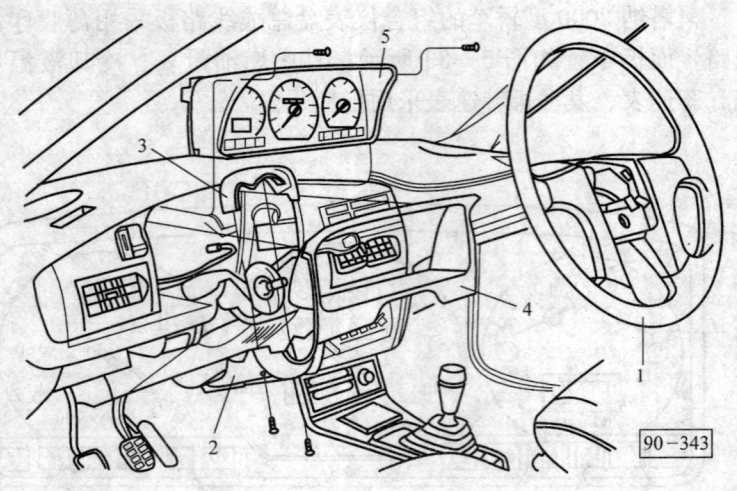

图 5—34 仪表总成的拆卸图
1—方向盘 2—下装饰罩 3—上装饰罩 4—仪表盘饰板 5—组合仪表

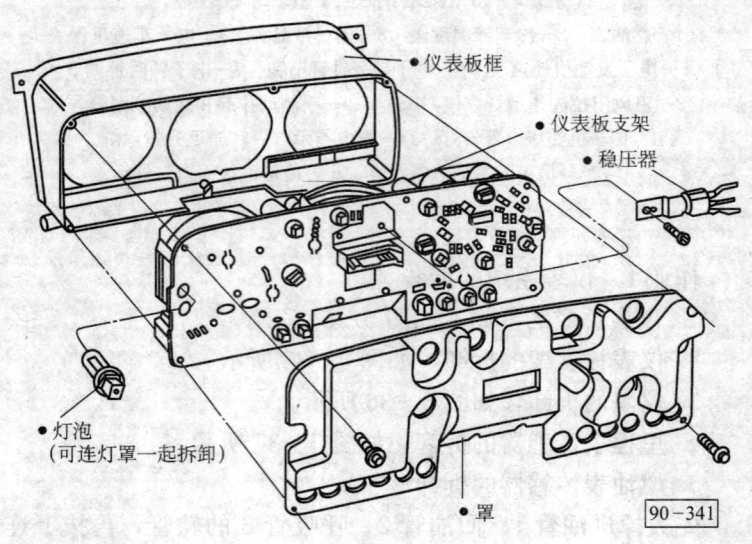

图 5—35 仪表板支架的拆卸图

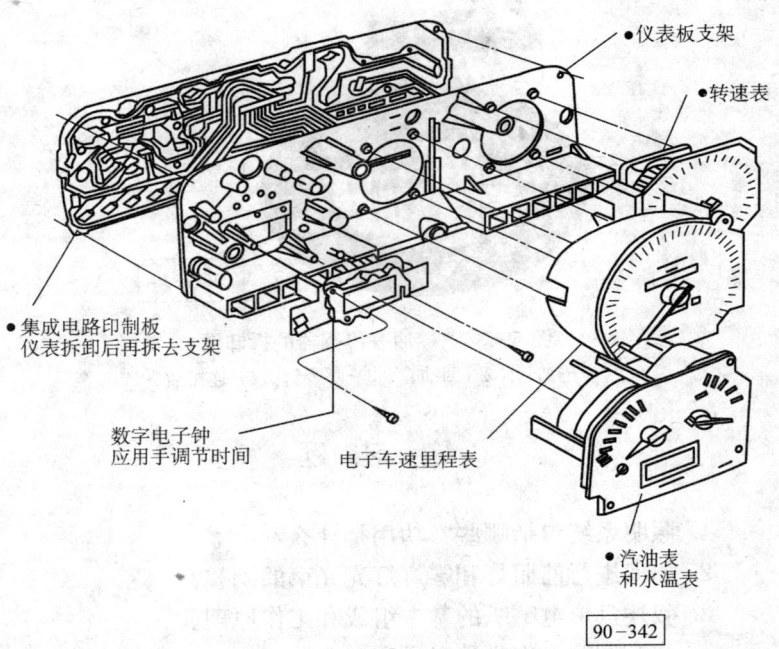

图 5—36 仪表的拆卸图

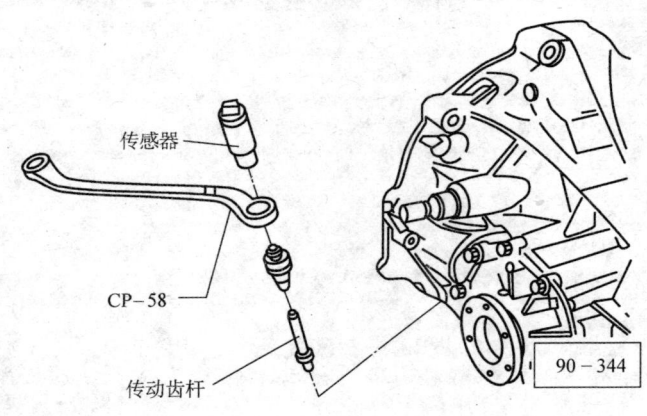

图 5—37 里程表传感器的拆卸图

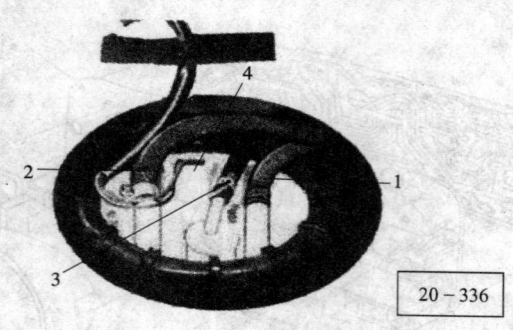

图5—38 燃油表传感器的拆卸图
1—进油管 2—回油管 3—呼吸管 4—连接插头

练 习 题

1. 照明系统包括哪些？功用是什么？
2. 如何进行前照灯和雾灯灯光光束的调整？
3. 叙述盘形电喇叭的基本组成和工作原理。
4. 如何调整电喇叭的音量和音调？
5. 汽车仪表有哪些？

单元六　汽车空调系统的维护

课题一　空调管路的检查与紧固

学习目标

1. 了解汽车空调的结构和工作原理；
2. 掌握汽车空调系统管路的检查内容和紧固方法。

一、汽车空调系统的认识

桑塔纳2000系列轿车空调系统采用了替代R12的、对大气层无害的新型制冷剂HCF134a（R134a）。空调系统在原普桑空调的基础上对蒸发器、压缩机、冷凝器、储液器、软管、加注阀等总成或零件作了重大改进，使它的降温效果有了明显提高。图6—1所示为桑塔纳2000汽车空调系统结构。

空调系统工作原理如图6—2所示。由蒸发器1出来的低温、低压制冷剂HCF134a气体，经低压软管2、低压阀9进入压缩机3。在压缩机内将气态制冷剂吸进并压缩，变成高温、高压的制冷剂气体，由排气口出来经过高压软管4进入冷凝器5，并把热量排出车外，被冷却为高温、高压的液态R134a，从冷凝器底部流向储液干燥器6，经过滤、脱水后由高压软管4送至膨胀阀8。经膨胀阀的高压液态制冷剂减压后，成为低温、低压的雾状物进入蒸发器，通过蒸发器芯管吸收周围空气中的热量而变为气体，冷却后的空气即为冷气，经风扇被强制送回车内，完成了降温的目的。低温、低压的气态制冷剂，经低压软管回到压缩机，

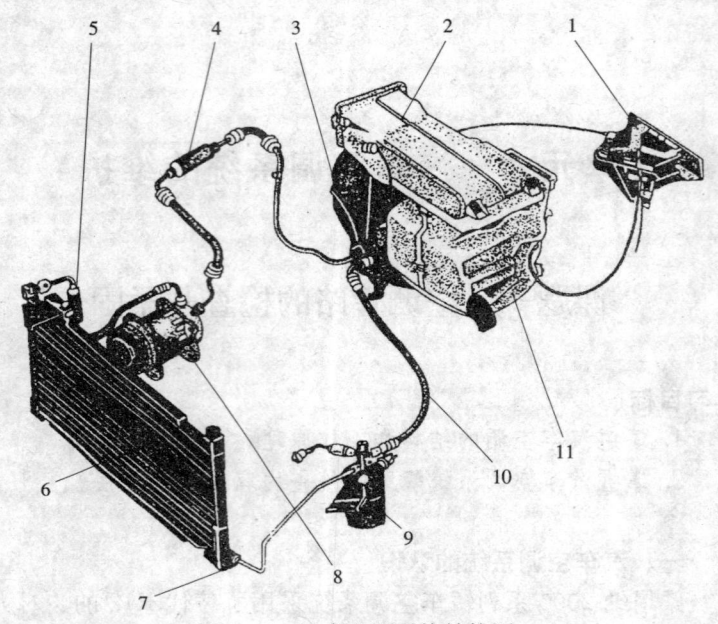

图 6—1 汽车空调系统结构图
1—控制装置 2—进气罩 3—蒸发箱 4—S管 5—D管
6—冷凝器 7—C管 8—空调压缩机 9—储液干燥器 10—L管 11—加热器

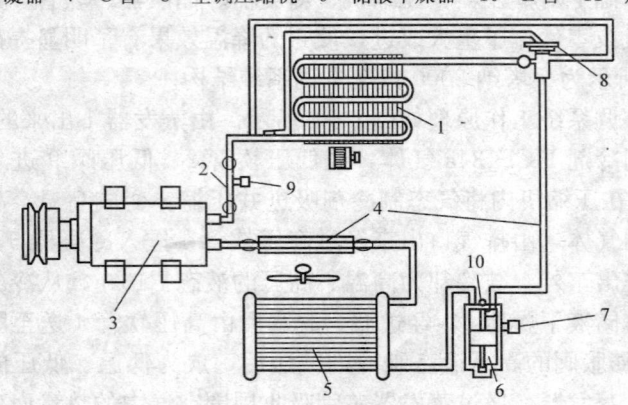

图 6—2 空调系统工作原理图
1—蒸发器 2—低压软管 3—压缩机 4—高压软管 5—冷凝器
6—储液干燥器 7—高压阀 8—膨胀阀 9—低压阀 10—压力开关

开始新一轮工作循环。

空调系统操纵杆及空调系统出风口如图6—3和图6—4所示。

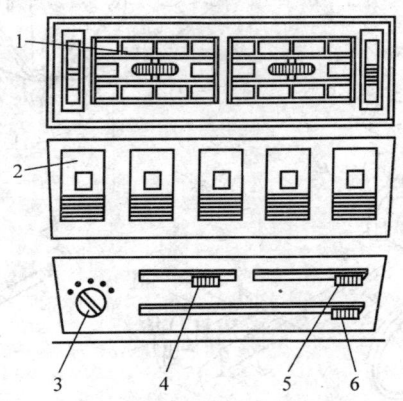

图6—3 空调系统操纵杆
1—中央出风口 2—空调控制开关 3—自然风鼓风机开关
4、5—气流分布拨杆 6—温度选择拨杆

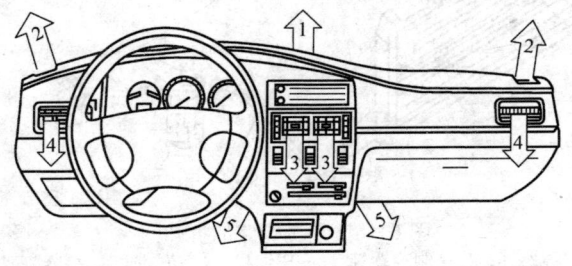

图6—4 空调系统出风口布置

二、空调管路的检查与紧固

汽车空调管路检查的主要任务是：检查空调管路中有无泄漏、堵塞、各管路连接是否有松动。

作业1 汽车空调管路的拆卸

空调管路的拆卸，如图6—5所示。

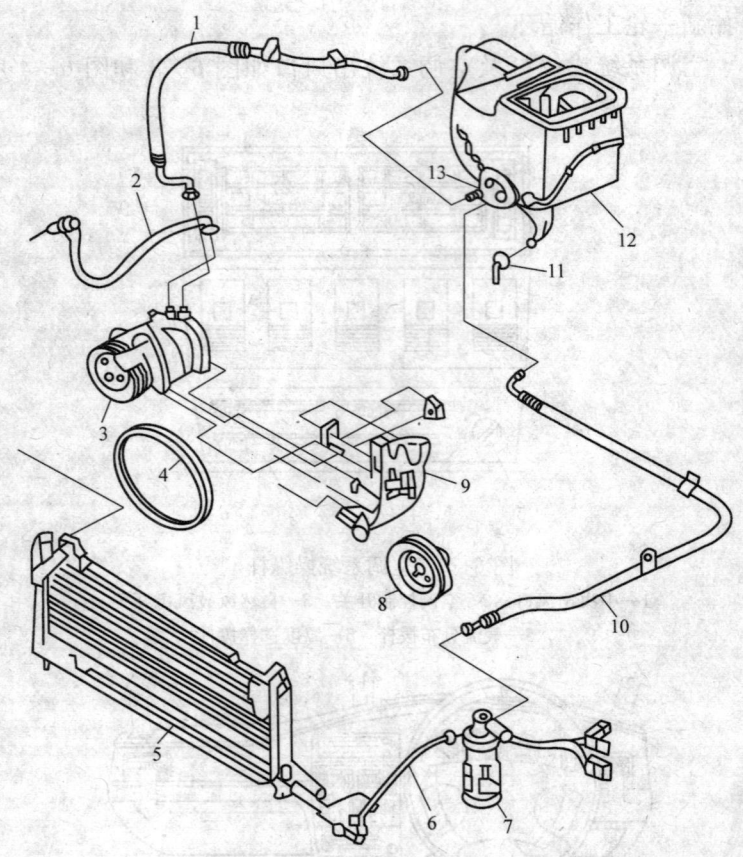

图6—5 空调管路的拆卸图
1、2、6、10—制冷软管 3—压缩机 4—传动带 5—冷凝器
7—储液干燥器 8—带轮 9—压缩机支架
11—蒸发器放水阀 12—蒸发箱 13—膨胀阀

作业2 空调管路系统管路泄漏的检查

制冷系统中制冷剂的泄漏情况有3种检查方法,即:电子检漏仪、皂泡和卤素检漏灯检查法。

1. 电子检漏仪检查法

如图6—6所示,将电子检漏仪的电源插头插在电源上,将测头放在距测试点 3 mm 处缓慢移动（30 mm/s），如果发出鸣叫声，说明该处有泄漏。制冷管路的管接头有泄漏时，应更换 O 形环。

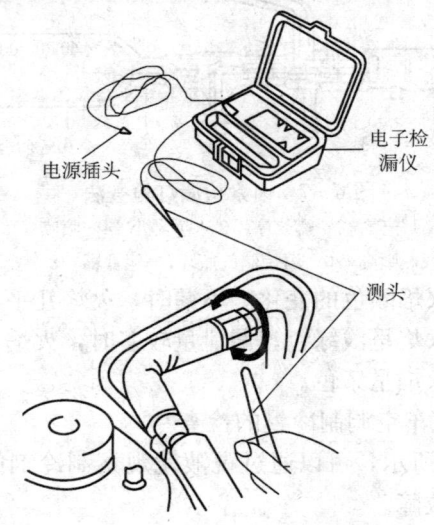

图 6—6 用电子检漏仪检查

2. 皂泡检查法

在怀疑泄漏的区域，敷涂肥皂水。如果有制冷剂泄漏，漏点处将起皂泡。

3. 卤素检漏灯检查法

如图 6—7 所示，卤素检漏灯为一丙烷燃烧喷灯。用卤素检漏灯检查的步骤如下：

（1）检查弹状储气瓶中的液态丙烷总量。

（2）把丙烷储气瓶拧紧在检漏灯主体下边。

（3）将划着的火柴插进检漏灯的点火机内，朝逆时针方向慢慢扭转调整手柄，直到检漏灯内着火。

（4）调节火焰，使其尽量缩小。火焰越小，对漏气的反应越灵敏。

（5）将吸入管的前端靠近各个有可能漏气的部位。

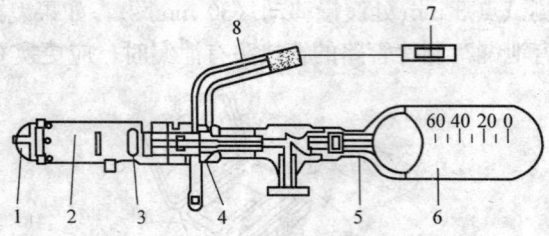

图6—7 卤素检漏灯检查法

1—盖 2—燃烧室 3—点火机 4—喷嘴
5—储气瓶喷嘴 6—丙烷储气瓶 7—粗滤器 8—吸入管

（6）观察火焰颜色的变化。不漏时，火焰几乎没有颜色；漏泄量很少时，火焰呈浅绿色；漏泄量较多时，火焰呈浅蓝色；漏泄量很多时，火焰呈紫色。

作业3 汽车空调制冷量的检查

如图6—8所示，可以通过视液镜观察制冷剂的状态，以此来判断系统的故障。

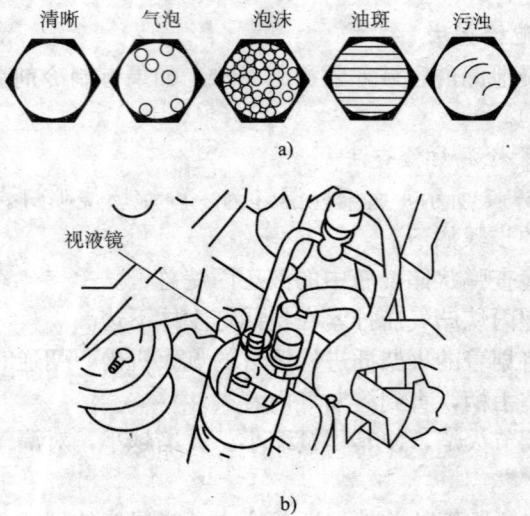

图6—8 视液镜观察制冷剂状态

1. 空调系统起动初始,视夜镜内有气泡流动,片刻之后气泡消失,这表明工作正常。

2. 视液镜内有气泡或泡沫,蒸发器表面结霜,表明制冷剂不足,如果蒸发器表面不结霜,储液干燥器中水分饱和,可从冷凝器出口处取出储液干燥器,将之烘干后重新装入。

3. 系统起动后,向冷凝器上溅水,如果视液镜内无气泡出现,表明制冷剂过多。

4. 视液镜内清晰且出风口制冷效果不良,表明制冷剂泄漏尽。如果视液镜内布满油斑,也表明制冷剂泄漏尽。

5. 视液镜内污浊,表明冷冻机油过多。

作业4 汽车空调管路的紧固

在压缩机、冷凝器、储液干燥器、蒸发器之间接的制冷软管,两管连接时应该注意在有凸起的管子上装上O形密封圈,并使O形密封圈靠近凸起部,当管接头旋入螺母中时,要注意O形密封圈应处在管接头与凸起之间,管接头不应使管子外部造成损伤,旋紧螺母时必须使用两个扳手。

汽车空调管子的连接有3种情况:硬管与硬管连接;软管与软管连接;软管与硬管连接。各管接头和螺母的旋紧力矩应符合表6—1的要求。

表6—1　　　　制冷系统管子连接扭矩　　　　　　mm

管子外径(OD)	硬管与硬管连接		硬管与软管或软管与软管连接	
	钢管或铜管	铝管	钢管或铜管	铝管
6	10~20		10~20	
8	15~25	10~20	15~25	10~20
10	15~25	10~20	15~25	10~20
12	20~29	15~25	25~34	20~30
16	25~34	20~29	25~34	20~30
19	25~34	20~29		

1. 压缩机与系统管路连接处的紧固，如图6—9所示。
2. 冷凝器与系统管路连接处的紧固，如图6—10所示。
3. 储液干燥器与系统管路连接处的紧固，如图6—11所示。
4. 膨胀阀与系统管路连接处的紧固，如图6—12所示。

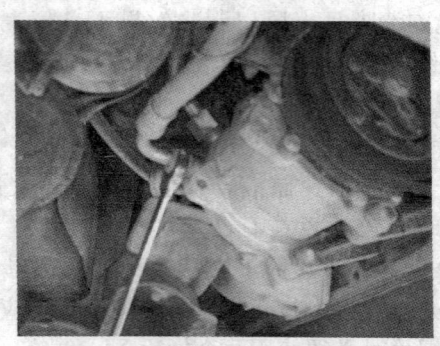

图6—9 压缩机与系统管路连接处的紧固

图6—10 冷凝器与系统管路连接处的紧固

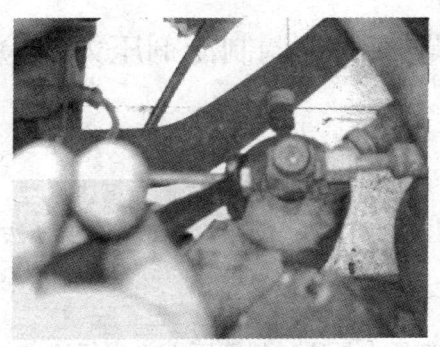

图 6—11 储液干燥器与系统管路连接处的紧固

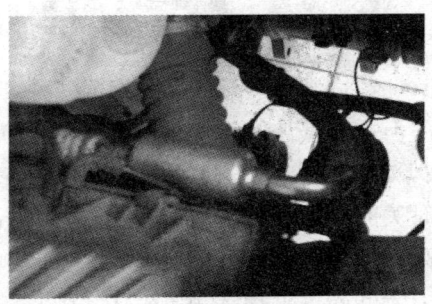

图 6—12 膨胀阀与系统管路连接处的紧固

课题二 空调制冷剂压力的检查

学习目标

1. 了解歧管压力表的功用、结构和工作原理；
2. 掌握汽车空调系统歧管压力表的连接方法、制冷剂压力的检查。

空调制冷剂压力是通过歧管压力表进行检查，结构如图 6—13 所示。歧管压力表由高压表、低压表、阀体、单向阀、高低压侧手动阀、连接软管组成。工作时，高压、低压侧接头分别与压缩机高压、低压检修阀相连，中间接头与真空泵相连或与制冷剂钢瓶相连。一般规定蓝色软管连接低压侧，红色软管连接高压侧，黄色软管连接中间接头。

图 6—13 歧管压力表的结构

通过歧管压力表高低压阀不同的开闭组合，可以构成 4 种不同的回路，可以对空调管路的压力进行检查，这 4 种组合为：高、低压阀同时关闭，低压阀开启、高压阀关闭，低压阀关闭、高压阀开启，高、低压阀同时开启。

将歧管压力表的高、低压表分别接在空调系统的维修阀上，在空气温度为 30～35℃、发动机转速为 2 000 r/min 时检查。将风机风速调至高档,温度调至最冷档,其正常状况是:高压端压力应为 1.421~1.470 MPa,低压端压力应为 0.147~0.196 MPa,若不在此范围,则说明系统有故障。

作业 1　歧管压力表的连接

歧管压力表每次连接时,都要做到用少量制冷剂清洗软管,千万不可让空气进入制冷系统。不同制冷剂需要用不同的歧管压力表,注意不能混用。歧管压力表的连接,就是将歧管压力表与压缩机的高、低压侧的检修阀及制冷剂瓶或真空泵相连。有条件时,建议利用两个三通阀,将真空泵、氮气瓶、制冷剂瓶同时与歧管压力表连接好,以备不同维修工序时使用,如图 6—14 所示。

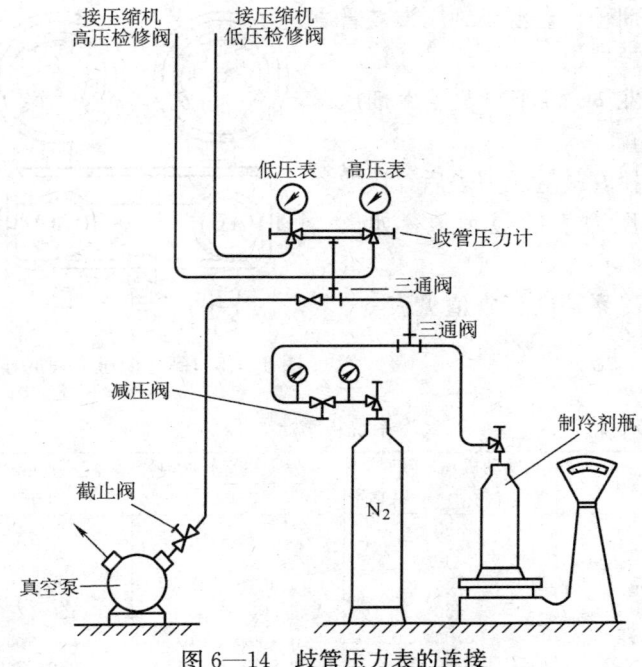

图 6—14　歧管压力表的连接

歧管压力表与压缩机检修阀相连时,要保证能顶开检修阀的气门芯。歧管压力表的专用加注软管两端连接头不相同,应将有顶针的一端与压缩机检修阀相连,操作时不可接错。若不能打开压缩机检修阀,则调节顶针的伸出尺寸。

连接步骤:

(1) 关闭歧管压力表的高、低压手动阀。

(2) 将歧管压力表的连接软管接到压缩机检修阀上,高压侧软管接头与高压侧检修阀相连,低压侧软管与低压侧检修阀相连。然后用手拧紧软管接头螺母。注意:不可在结合面上涂冷冻机油。

若怀疑系统中有空气,要用真空泵将系统中的空气排走。此时,歧管压力表应置于空调系统的最高位之上,这样,因为空气比制冷剂轻,会汇集到压力歧管表中而被抽出。

作业 2 汽车空调制冷剂压力的检查

连接好歧管压力表后,读取高、低压力表的显示值,如图6—15所示。

制冷系统的正常值见表6—2。

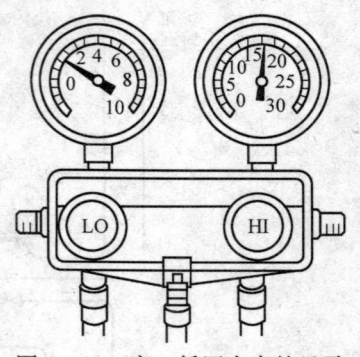

图6—15 高、低压力表的显示

表6—2 制冷系统正常压力值

环境温度(℃)	发动机不运转时制冷循环压力(kPa)	发动机运转时制冷循环压力(kPa)	
		高压	低压
15	390	—	—
20	470	—	—
25	550	1 050~1 250	100~150
30	660	1 350~1 550	150~200
35	750	1 450~1 810	200~250
40	880	1 850~2 530	250~300
45	980	—	—

课题三　空调制冷剂的加注与排放

学习目标
1. 了解加注汽车空调制冷剂的注意事项；
2. 掌握汽车空调系统抽真空、加注、排放的方法。

在检漏或者通过歧管压力表检查，发现汽车空调系统中制冷剂量过多时，或由于零部件损坏需要拆卸时，需要排除制冷剂，并需要重新加注制冷剂。加注制冷剂时应注意以下几点：

1. 制冷剂加注过程中，应避免制冷剂与皮肤接触，操作时需要戴好橡胶手套和防护镜。

2. 一定要在通风良好的场所进行工作。因为制冷剂在室温下为无色无味的气态，密度比空气大，会沉积在维修场所内，容易导致接触人员窒息。

3. 不允许制冷剂接触明火，否则会产生有毒的气体。

4. O形密封环只能使用一次。

5. 汽车空调一般使用R12或R134a制冷剂，这两种制冷剂不能通用，操作过程中，已接触某一制冷剂的工具，不允许再接触另一种制冷剂。

在汽车空调系统内加注制冷剂之前需要进行检漏、排放制冷剂、抽真空等步骤，这几项工序是汽车空调系统维修的主要内容之一，程序如下：

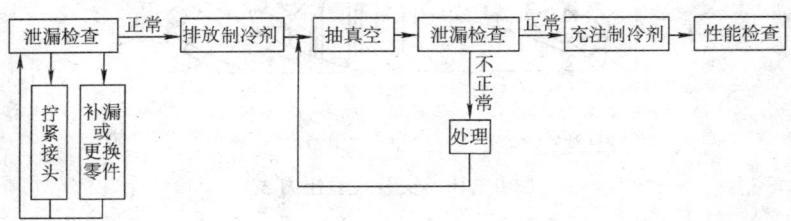

上面的泄漏检查有两次,第一次与第二次不同。第一次泄漏检查时系统中还存有制冷剂,第二次泄漏检查时系统中已不存在制冷剂,要加少量制冷剂到系统中进行泄漏检查,或用保压办法进行泄漏判断。

作业 1 制冷系统的抽真空

制冷剂的抽真空步骤如下:

1. 如图 6—16 所示,将充注软管与歧管压力表连接起来,用手拧紧螺母,注意不要接错软管。在充注软管上连接快速脱开适配器,用手拧紧螺母。关闭歧管压力表的两个手动阀,在制冷

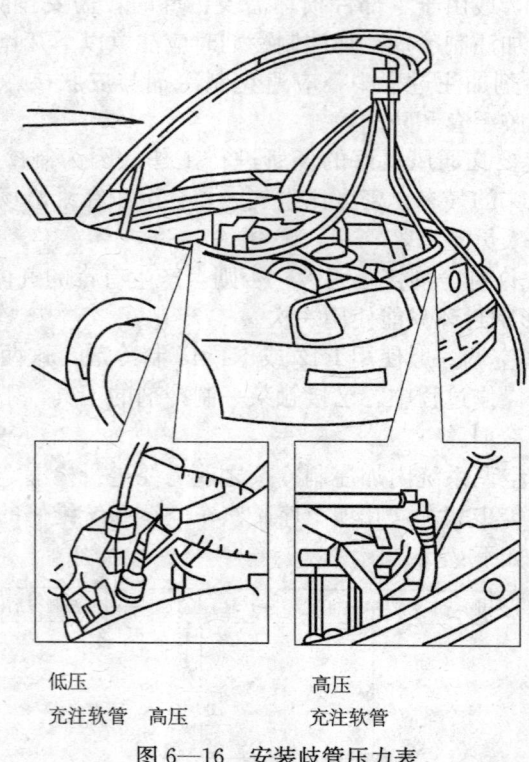

低压　　　　　　　　高压
充注软管　高压　　　充注软管

图 6—16 安装歧管压力表

管路的维修阀上拧下阀盖,在维修阀上连接快速脱开适配器,然后向下滑动快速脱开适配器的滑套使之锁紧。

2. 如图 6—17 所示,将高压表接入储液干燥器的维修阀,低压表接入蒸发器至压缩机低压管路的维修阀,中间黄色充注软管安装于真空泵接口。

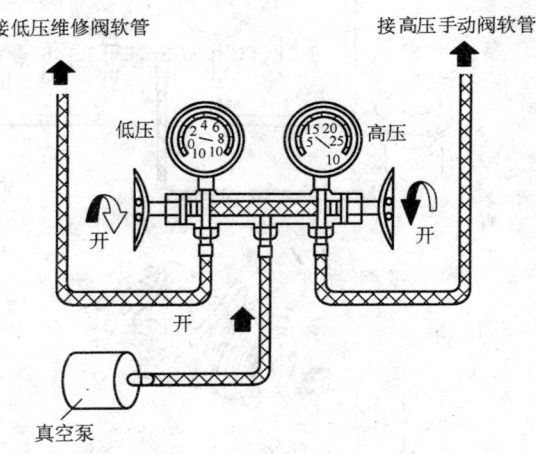

图 6—17 抽真空

3. 起动真空泵,打开歧管压力表高压阀和低压阀。

4. 抽真空时间约为 5~10 min,使低压表所示的真空度达 105 kPa。

5. 关闭高压阀和低压阀,停止抽真空。

6. 放置 5 min,观察压力表。若指针继续上升,说明真空下降,系统有泄漏之处,应使用检漏仪进行泄漏检查,并修理堵漏。

7. 继续抽真空 20~25 min,并重复步骤 3~6。如压力指针保持不动,说明无泄漏,可进行下一步工作。

8. 关闭高压阀和低压阀,停止抽真空,从真空泵的接口拆下中间充注管,准备注入制冷剂。

作业 2 制冷剂的加注

制冷剂的加注步骤如下:
1. 如图 6—18 所示,将歧管压力表和制冷剂罐连接好。

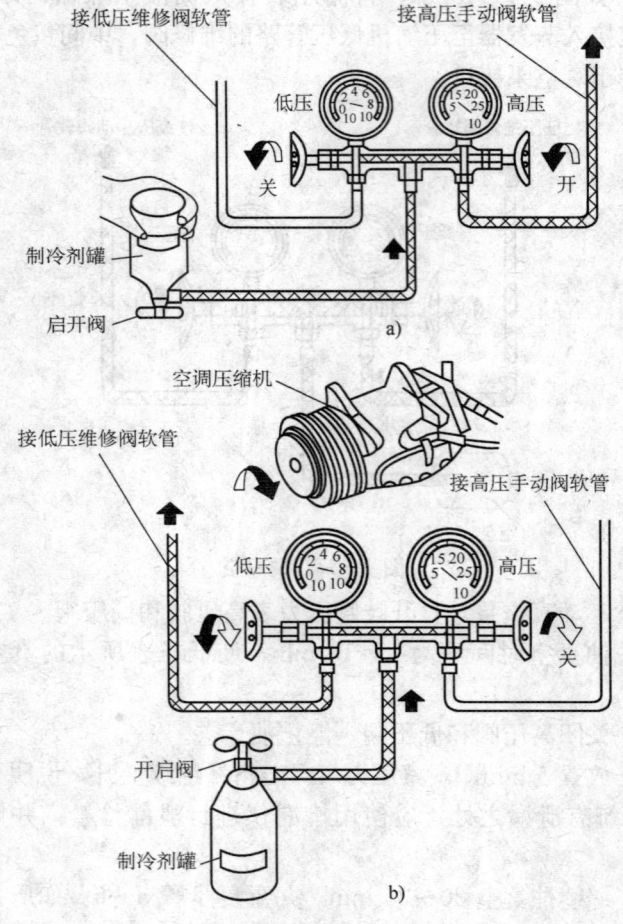

图 6—18　加注制冷剂
a) 旋开高压手动阀　b) 关闭高压手动阀

2. 逆时针旋松启开阀蝶形手柄,使制冷剂进入中间维修用软管,这时不能打开两侧的高压、低压手动阀。

3. 拧松歧管压力表中间软管的螺母，白色制冷剂气体外溢并听到"嘟嘟"声，中间软管的空气排出后，旋紧中间软管螺母。

4. 如图 6—18a 所示，旋开高压手动阀，并将制冷剂罐倒立，使制冷剂以液态注入制冷系统，此时切忌打开空调装置，以防止倒灌。一次应灌入制冷剂 200 g 以上，加注后用手转动压缩机若干次。

5. 如图 6—18b 所示，关闭高压手动阀，打开低压手动阀门，让制冷剂以气态形式进入制冷系统。从低压手动阀注入的制冷剂必须是气态，如果为液态，将出现液击现象，损坏压缩机。当低压表读数达到 0.28 MPa 时，关闭低压手动阀。

作业 3 冷冻机油的加注

如图 6—19 所示，加注冷冻机油的步骤如下：

1. 在抽真空前卸下加油塞，注入规定型号的冷冻机油。

2. 通过加油塞孔观察，旋转离合器前板，使活塞连杆正好在加油塞孔中央位置。

3. 把油尺插到活塞连杆的右边，直至油尺端部碰到压缩机外壳为止。

4. 取出油尺，检查冷冻机油的刻度数（应该在油尺的 4～6 格之间）。

作业 4 制冷剂的排放

在检漏工序以后或发现系统制冷量过多或有泄漏，需拆卸空调部件时，需要排放制冷剂。但千万注意要缓慢打开阀门，让制冷剂慢慢流出，以免带走冷冻机油，并注意不可让制冷剂喷到车身壁面或车内，最好通过白毛巾或干净布放出，从而可判断有无机油被带出。若发现布上有油迹，则要进一步关小阀门。过快排放制冷剂还可能造成压缩机阀门损坏。

若系统中有较多制冷剂或氮气需要通过歧管压力表排放，则按照下列方法进行：

1. 缓慢打开高压手动阀，以调节制冷剂流量，不要把阀门

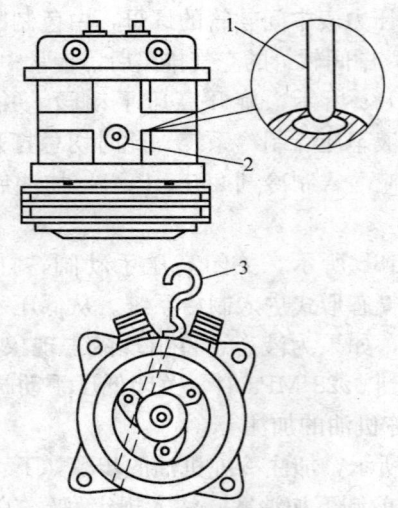

图 6—19　直接加注冷冻机油
1—加油塞　2—活塞连杆　3—油尺

打开太大。

2. 检查包在排放口端的毛巾，以确认没有机油排出。

3. 在高压表计数降到 350 kPa 以下时，缓慢打开低压手动阀。

当系统压力下降时，逐渐打开高压侧手动阀和低压侧手动阀，直到高、低压力表的读数达到零为止。

课题四　制冷元件的检查与维护

学习目标

1. 了解汽车空调压缩机的功用和结构原理；
2. 掌握汽车空调系统压缩机的电气元件的检查与维护。

一、空调压缩机的功用

空调压缩机作为汽车空调制冷系统的核心部件，具有两个重要的功能,一是使系统内产生低压;二是把气态制冷剂从低压压缩至高压,并使其温度提高。这两种功能同时完成。压缩机维持制冷剂在制冷系统中的循环,吸入来自蒸发器的低温低压气态制冷剂,对其压缩,使其压力和温度升高,并将压缩后的制冷剂送进冷凝器。

二、空调压缩机的分类

汽车空调常见的压缩机的主要类型有:曲轴连杆式压缩机、斜盘式压缩机、摆盘式压缩机、旋叶式压缩机、滚动活塞式压缩机、蜗旋式压缩机。

三、压缩机的结构原理

图 6—20 所示为桑塔纳 2000Gsi 型汽车上的空调压缩机。

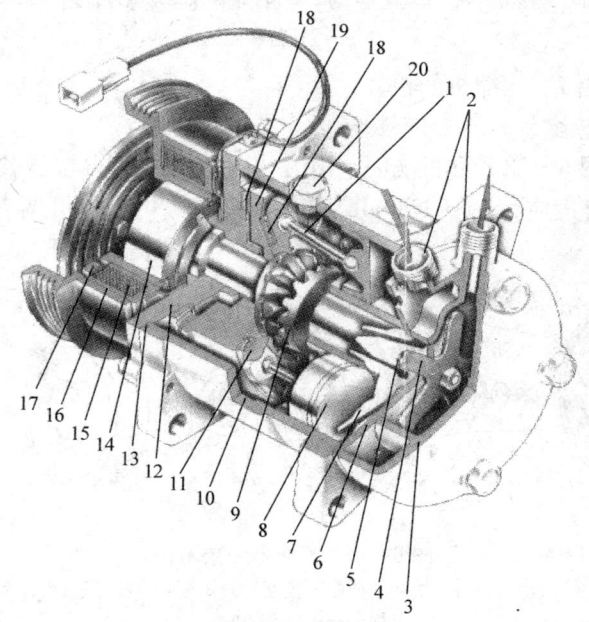

图 6—20 压缩机的结构
1—连杆 2—进出接口 3—头盖 4—阀片限位板 5—排气阀片 6—阀板
7—吸气阀片 8—活塞 9—固定锥齿轮 10—钢体 11—带锥齿轮的行星盘
12—前盖 13—密封圈 14—轴承 15—线圈 16—多楔带轮 17—电磁离合器
18—推力轴承 19—斜盘

压缩机和离合器的主要部件组成如图 6—21 和图 6—22 所示，对压缩机进行分解或组装时可参照。

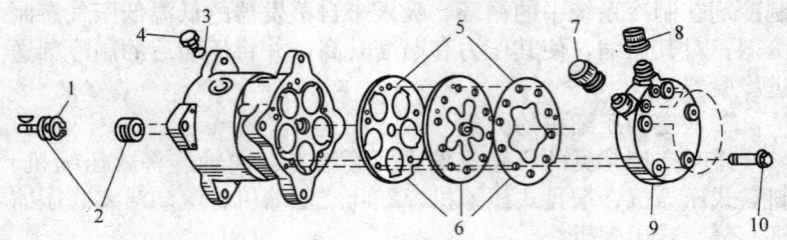

图 6—21　压缩机的主要部件
1—孔用弹性挡圈　2—毡圈密封组件　3—加油塞 O 形密封圈　4—加油塞
5—阀板组件和汽缸垫　6—阀板　7—气口护帽　8—排气口护帽　9—汽缸盖
10—汽缸盖螺栓

作业 1　压缩机的检查

1. **压缩机的传动带检查**

如图 6—23 所示的方法，用手指以 98 N 的力按压传动带中点，其挠度应为 10~15 mm。挠度不适合，可通过可调支架进行调整。

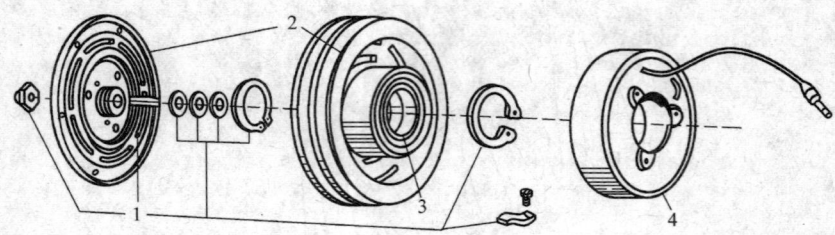

图 6—22　离合器主要附件
1—附件（螺母、键、垫片、挡圈、挡圈导线压板）　2—吸盘组件和带轮
3—轴承　4—线圈

2. **压缩机 V 带轮的检查**

如图 6—24 所示，检查 V 带轮与前板的摩擦表面，若有能引起打滑的烧痕和过深沟槽，应予以更换。

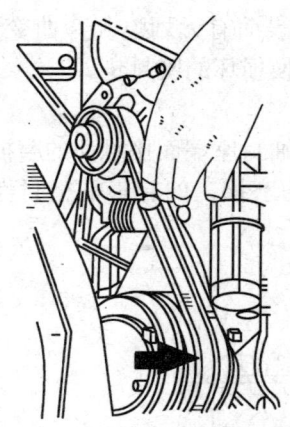
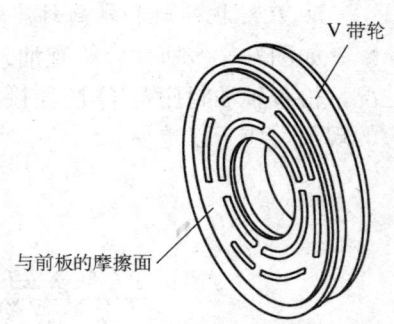

图 6—23 压缩机传动带的检查　　图 6—24 压缩机 V 带轮的检查

3. 压缩机电磁离合器的检查

如图 6—25 所示,用万用表检测电磁离合器线圈的电阻值,应为 3.5 Ω。

如图 6—26 所示,用塞尺检查电磁离合器摩擦盘与带轮之间的间隙,应为 0.45~0.75 mm。

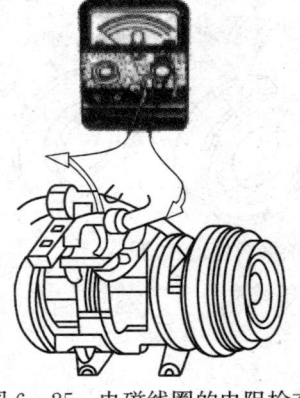
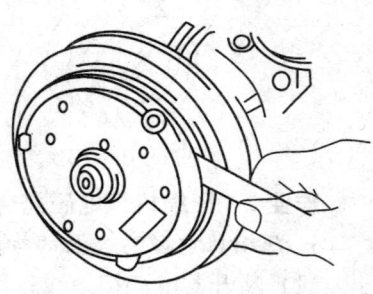

图 6—25 电磁线圈的电阻检查　　图 6—26 电磁线圈的间隙检查

4. 压缩机阀板的检查

如图 6—27 所示,检查阀板上的放气阀片与吸气阀片是否破损,检查限位板是否损坏,检查阀板表面有无划痕和弯曲变形。如有不正常现象,应予以更换,并更换损坏的密封垫。

5. 压缩机油封和轴油封座的检查

如图 6—28 所示,检查油封和轴油封座端面接触面的磨损情况,检查轴油封座与 O 形环接触面的磨损,如有影响密封性能的现象,应予以更换。

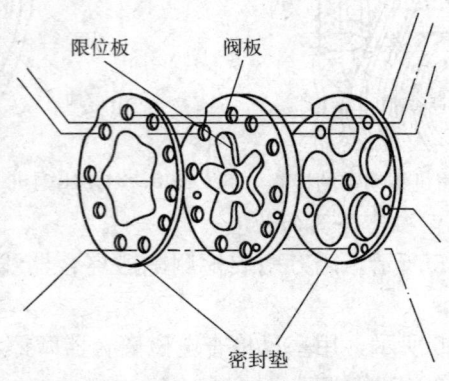

图 6—27 压缩机阀板的检查

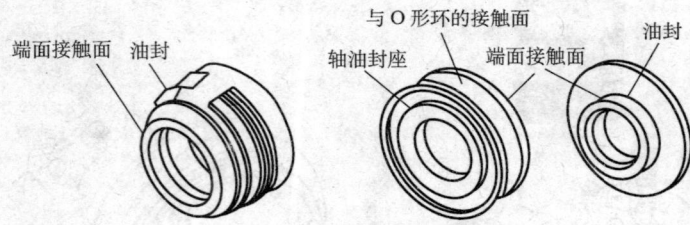

图 6—28 压缩机油封和轴油封座的检查

作业 2 压缩机机电磁离合器的更换

1. 压缩机电磁离合器的拆卸

（1）断开蓄电池接地线;

（2）放松传动带;

（3）旋松螺栓,如图 6—29 所示;

（4）拆下离合器吸盘,如图 6—30 所示;

图6—29 旋松螺栓

图6—30 拆下离合器吸盘

(5) 取出轴键；
(6) 拆下内部轴承卡环；
(7) 拆下前盖外卡环，如图6—31所示；
(8) 拆下带轮部件，如图6—32所示；
(9) 拆下磁场线圈。

图6—31 拆下前盖外卡环

图6—32 拆下带轮部件

2. 压缩机电磁离合器的安装

安装与拆卸的步骤相反，磁场线圈凸缘一定要和前盖的孔相配合，以防止线圈移动，并正确安置导线，注意导入转子轴承卡住，轻敲至前盖轮毂为止，如图6—33所示。

装上螺栓，扭矩应达到33~41 N·m，按原厂规格，检查气隙标准，应为0.4~0.78 mm，如图6—34所示。

图6—33 安装磁场线圈

图6—34 检查气隙标准

作业3 压缩机油封的更换

1. 压缩机油封的拆卸

（1）拆下毡环和调整片；
（2）拆下轴封静环卡簧，如图6—35所示；
（3）拆下轴封静环，如图6—36所示；
（4）拆下油封O形环；
（5）取出密封组件，如图6—37所示。

图6—35 拆下轴封静环卡簧

图3—36 拆下轴封静环

2. 压缩机油封的安装

安装的顺序与油封的拆卸步骤相反。
（1）清洁密封孔穴；
（2）把封套护器插在压缩机的轴上，如图6—38所示；

图6—37 取出密封组件

图6—38 封套护器的安装

(3) 将密封器的槽装进新壳边槽,并稳置密封组件于压缩机轴封孔穴中。向反方向扭动安装工具,以便从封壳拆下工具,如图6—39所示。

(4) 给新O形环涂清洁冷冻油,用O形环钩将环小心放进密封槽,不可划损表面;

(5) 给轴封静环涂上清洁冷冻油,轻压向密封环,如图6—40所示。

图6—39 密封器的安装

图6—40 轴封静环的安装

作业4 电气元件的检查

1. 冷却风扇热敏开关的检查

如图6—41所示,将冷却风扇热敏电阻器从散热器拆下,放

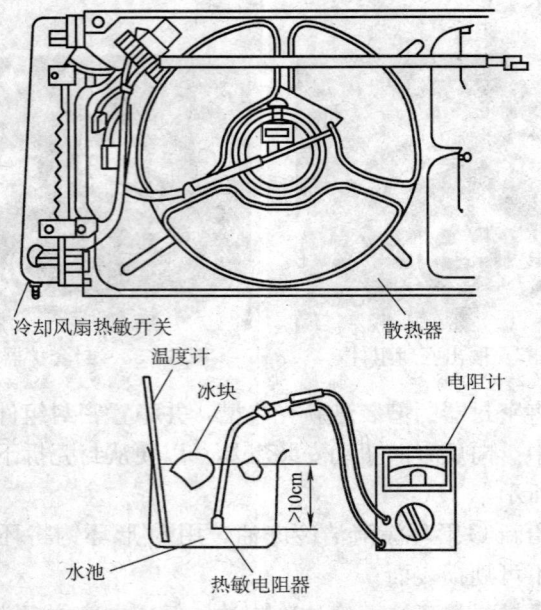

图 6—41　冷却风扇热敏开关的检查

入水池中,改变水的温度,用电阻计测量电阻值。当水温达 95℃时,热敏开关应接通慢速挡导线;当水温达 105℃时,热敏开关应接通快速挡导线。否则,应更换冷却风扇热敏开关。

2. 热敏电阻器的检查

(1) 25℃的环境下测量热敏电阻器两端子之间的正常电阻应为 1 500 Ω。

(2) 检查时将热敏电阻器放入冷水中,然后边改变水温、边测量插接器处的电阻值,同时用温度计测量水的温度,如图 6—42 所示。

(3) 将测得的温度值各点描成曲线,与图上的两条温度曲线进行比较。

如果电阻值不在两条曲线的中间,说明热敏电阻器性能不好,应更换热敏电阻器。

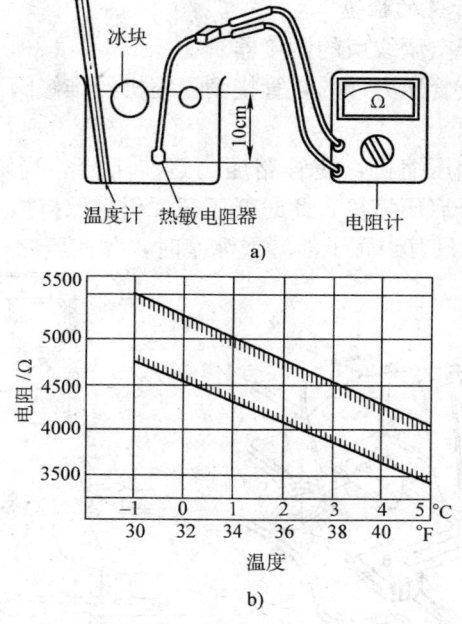

图 6—42 热敏电阻的检查
a) 检查热敏电阻 b) 测后温度曲线图

3. 蒸发器温度开关检查与调整

（1）拆下蒸发器温度开关。

（2）将温度开关插入冰水内 180 mm 深处。

（3）控制并测定水温。

（4）当水温在 －1.5～1.5℃ 时，蒸发器温度开关应断开。

（5）当水温升高到 1.5～4.5℃ 时，蒸发器温度开关应合上。开关控制温度若不符合要求，可用调整螺钉调整。

（6）如果温度太高（电阻太大），顺时针旋转调整螺钉；如果温度太低（电阻太小），逆时针调整螺钉，直到符合要求，如图 6—43 所示。

4. 低压开关的检查

(1) 拆开空调线束的插接器。

(2) 把歧管压力计的软管接到压缩机的维修阀上,并观察表上的压力读数。

(3) 关闭压缩机,使管路压力逐步下降,当降到 0.3 MPa 以下时,再开启压缩机,此时低压开关仍应保持接通状态,如图 6—44 所示。只有当管子泄漏或冰塞时,才使压缩机停止工作。

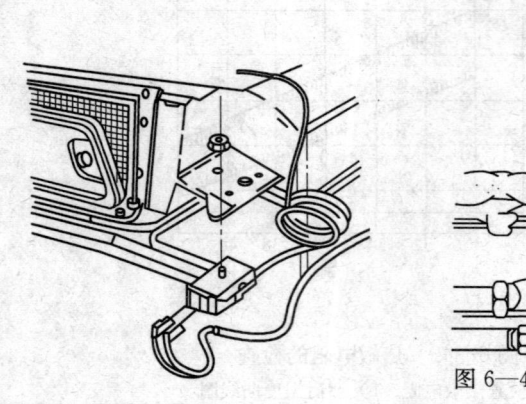

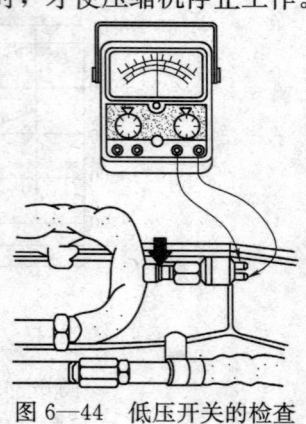

图 6—44 低压开关的检查

图 6—43 蒸发器温度开关检查与调整

(4) 低压开关的工作范围:压力下降至 0.08~0.11 MPa 时,开关断开;压力上升至 0.23~0.29 MPa 时,开关合上。

(5) 用欧姆表检查低压开关两端是否导通,$R=0$ 为导通,不导通应更换低压开关。

5. 高压开关检查与调整

(1) 拆开线束引出线。

(2) 用欧姆表 $R \times 1$ 欧姆挡检查开关两线端间的连通情况,若 $R=0$ 为导通,$R=\infty$ 则不导通。若在管路正常工作压力下不导通,则要换新高压开关。

(3) 检查制冷剂压力。把歧管压力计的软管接到压缩机的维修阀上,观察表上的读数。

(4) 用纸板盖在散热通道上,以恶化冷凝器的冷却效果,此时压力升高。

(5) 当管路压力升到 2.82～3.1 MPa 时,高压开关断开,再拿走纸板;当压力下降到 1.03～1.73 MPa 时,开关合上。

(6) 可用增减垫片的方法调整,调整部位在冷凝器进口处,如图 6—45 所示。

6. 怠速温控放大器的检查

(1) 用万用表检查怠速温控放大器内部输出继电器线圈的电阻和继电器触点接触情况。

(2) 若是怠速提高控制失灵(正常的电磁离合器断路转速在 600～800 r/min),如切断转速太高,可将断路转速设定电位器向 L 方向转动,反之则朝 H 方向转动,如图 6—46 所示。

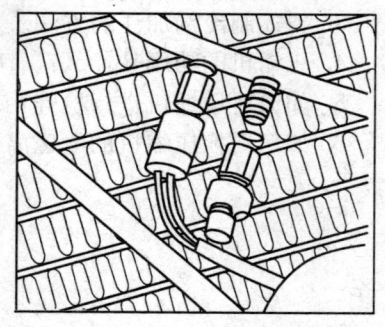

图 6—45　高压开关检查与调整

注意:温度设定电位器一般为密封,平时使用中最好不要去调整。

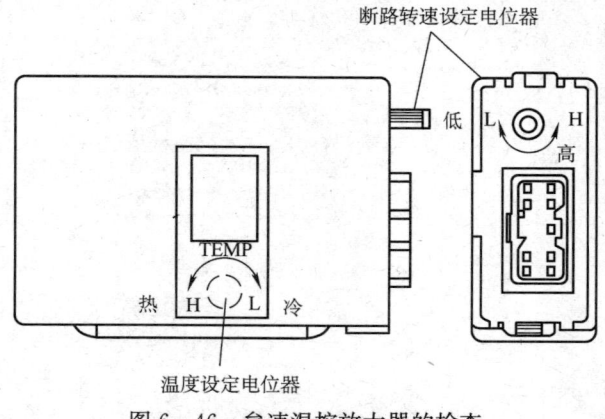

图 6—46　怠速温控放大器的检查

练 习 题

1. 汽车空调系统由哪几部分组成，其工作原理是什么？
2. 叙述如何读取空调制冷剂的正常压力。
3. 叙述制冷剂加注的方法。
4. 压缩机的功用是什么？有哪些类型？
5. 如何对压缩机进行检查？
6. 如何更换压缩机的电磁离合器？

单元七 舒适与安全装置的维护

课题一 电动车窗的检查与维护

学习目标
1. 了解电动车窗的作用、结构和工作原理；
2. 掌握电动车窗的检查与维护方法。

一、电动车窗的功用
电动车窗可以使得驾驶员和乘员坐在自己的座位上，利用开关自动升降车窗玻璃，操作简便并有利于行车安全。

二、电动车窗的结构
电动车窗一般由电动机、减速装置、车窗、车窗升降器、开关等组成。桑塔纳 2000 型轿车采用了电动车窗玻璃升降器。图 7—1 所示为电动车窗玻璃升降器的结构。电气部分由过热熔丝（20 A）、开关、自动继电器（中央线路板 14 号位）、延时继电器（中央线路板 15 号位）、直流电动机等组成，机械部分由蜗轮、蜗杆、绕线轮、钢丝绳、导轨、滑动支架等组成。

三、电动车窗工作原理
当电动车窗玻璃升降器中的直流永磁电动机接通额定电流后，转轴输出转矩，经蜗轮、蜗杆减速后，再由缓冲联轴器传递到卷丝筒，带动卷丝筒旋转，使钢丝绳拉动安装在玻璃托架上的滑动支架在导轨中上下运动，达到车窗玻璃升降的目的。

电动车窗玻璃升降器组合开关，如图 7—2 所示。位于手动

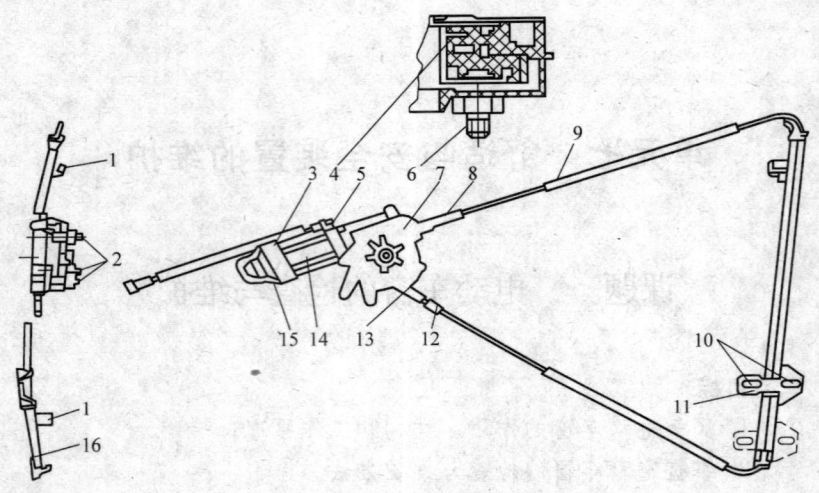

图 7—1 电动车窗玻璃升降器的结构
1—支架安装位置 2—电动机安装位置 3—固定架 4—联轴缓冲器 5—电动机
6—卷丝筒 7—盖板 8—调整弹簧 9—绳索结构 10—玻璃安装位置 11—滑动支架
12—弹簧套筒 13—安装缓冲器 14—铭牌 15—均压孔 16—支架结构

排挡杆前面的平台上。

点火开关置于 ON 时，可使用按键式组合开关方便地控制四扇车窗玻璃的升降。后排座位的乘客还可以使用安装在左右门上的按键开关进行单独操作。组合开关上的 4 个按键分别控制各自相应的车窗玻璃升降，中间黄色开关为后窗玻璃升降总开关，可以切断后车窗上的玻璃升降器开关。

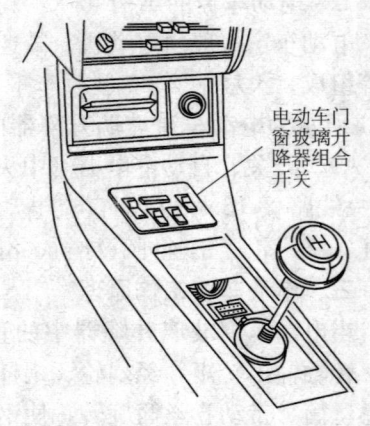

图 7—2 电动车窗玻璃升降器组合开关

驾驶员侧车窗玻璃升降的操作与其他车窗有所不同，只需要点一下下降键，车窗玻璃即可一降到底，如需中途停止，点一下上升键即可。

当点火开关关闭时，延时继电器会工作 1 min，在此期间，车窗玻璃仍可由按键式组合开关进行控制，然后自动切断（地线）。

电动车窗升降器的电气线路图如图 7—3 所示。

作业 1 电动车窗的检查与维护

1. 车窗开关的检测

车窗控制面板如图 7—4 所示，当车窗开关处于上升、关闭和下降状态时，各接线柱之间的通断可以用万用表欧姆挡检测。检查开关的通断情况要符合表 7—1 的要求，否则表明开关损坏，应更换新件。

2. 自动继电器的检测

（1）静态检测　用万用表欧姆挡检测继电器 87 与 87a 接线柱之间的通断情况；继电器的 30 与 87a 接线柱之间应该为断路状态；继电器的 30 与 87 接线柱之间应为通路状态。否则应该修理或更换。

（2）动态检测　将继电器的 30 和 S1 接线柱接 12 V 蓄电池的正极，S2 接线柱接蓄电池的负极。此时用万用表欧姆挡测量继电器 87 与 87a 接线柱之间应为通路状态；当将万用表置于直流电压挡，两表笔接该继电器的 30 与 87a 接线柱时，应该为 12 V 电压。

将继电器的 30 和 S2 接线柱接 12 V 蓄电池的正极，S1 接线柱接蓄电池的负极。此时，用万用表接直流电压挡，两表笔接该继电器的 87a 与 S1 接线柱时，电压值也应为 12 V。

3. 延时继电器 KT 的检测

（1）静态检测　用万用表欧姆挡测量继电器接线柱 87 与 31 之间应为断路状态。否则，应修理或更换该延时继电器。

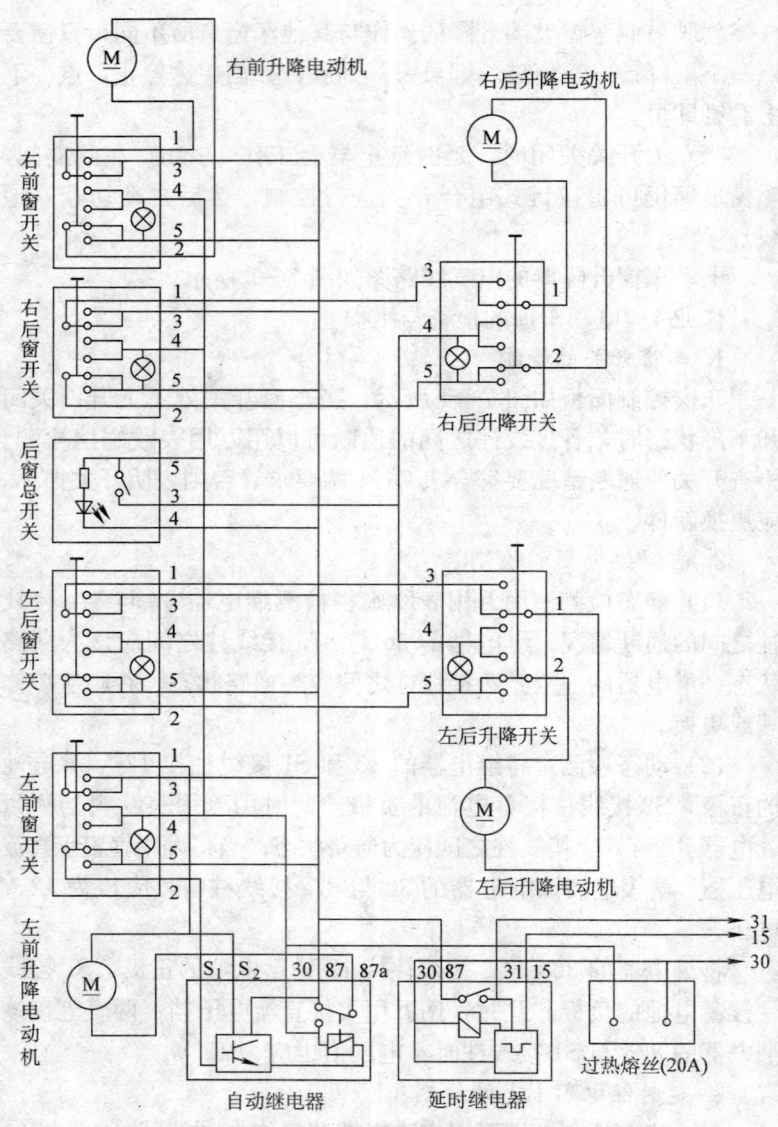

图7—3 电动车窗升降器电气线路

图 7—4 车窗控制面板

表 7—1　　　　　车窗开关各接脚的通断情况

开关	导线颜色	上升	下降	关闭
左前窗开关	白	○		○
	白/绿	○	○	
	棕/白	○	○	
	红			○
	棕/白		○	

（2）动态检测　将继电器的接线柱 15 接蓄电池的正极，继电器接线柱 31 接 12 V 蓄电池的负极。此时，用万用表欧姆挡测量继电器接线柱 87 与 31 之间应为通路状态；将继电器的接线柱 30 接蓄电池的正极，接线柱 87 与 31 之间 50 s 内应该变为断路状态。

4．车窗电动机的检测

（1）电动机正转状态的检测　将电动机的黑色导线接线柱接蓄电池的正极，红色导线接线柱接蓄电池的负极，电动机应正转正常，否则应将电动机修理或更换。

（2）电动机反转状态的检测　将电动机的红色导线接线柱接蓄电池的正极，黑色导线接线柱接蓄电池的负极，电动机应反转正常。否则应将电动机修理或更换。

课题二　电动后视镜的检查与维护

学习目标
1. 了解电动后视镜的作用、结构和工作原理；
2. 掌握电动后视镜的检查与维护方法。

一、电动后视镜的功用

汽车上的后视镜位置直接关系到驾驶员能否观察到车后的情况，与行车的安全性有着密切联系。而后视镜的调整一般来说比较麻烦，采用电动后视镜，可以通过开关进行调整，操作起来十分方便。

二、电动后视镜的结构与原理

桑塔纳 2000 型轿车后视镜采用电动控制。两侧的电动后视镜内各有两个永磁电动机，通过控制两个电动机的开关，可以获得两顺两反 4 种电流，即可使镜面产生上、下、左、右 4 种运动，以获得不同方位的位置调整。

控制开关安装在左前门内侧把手上方。当点火开关置于 ON 时，将控制开关球形钮旋转，以选择所需要调整的后视镜。在控制开关面板上印有 L、R，L 表示左侧后视镜，R 表示右侧后视镜，中间则是停止操作。选择好需要调整的后视镜后，只要上、下、左、右摇动开关的球形钮，就可以调整后视镜反射面的空间角度。调整工作完毕，可将开关转回中间位置以防误碰。图 7—5 所示为电动后视镜及控制开关。

电动后视镜由镜面玻璃（反射面）、双电动机、连接件、传动机构与壳体等组成。控制开关由旋转开关、摇动开关及线束等组成。

电动后视镜电气线路图如图 7—6 所示。

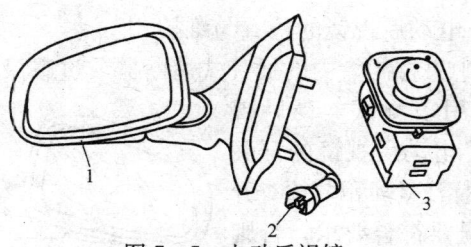

图 7—5 电动后视镜
1—左后视镜总成 2—电线接头 3—控制开关

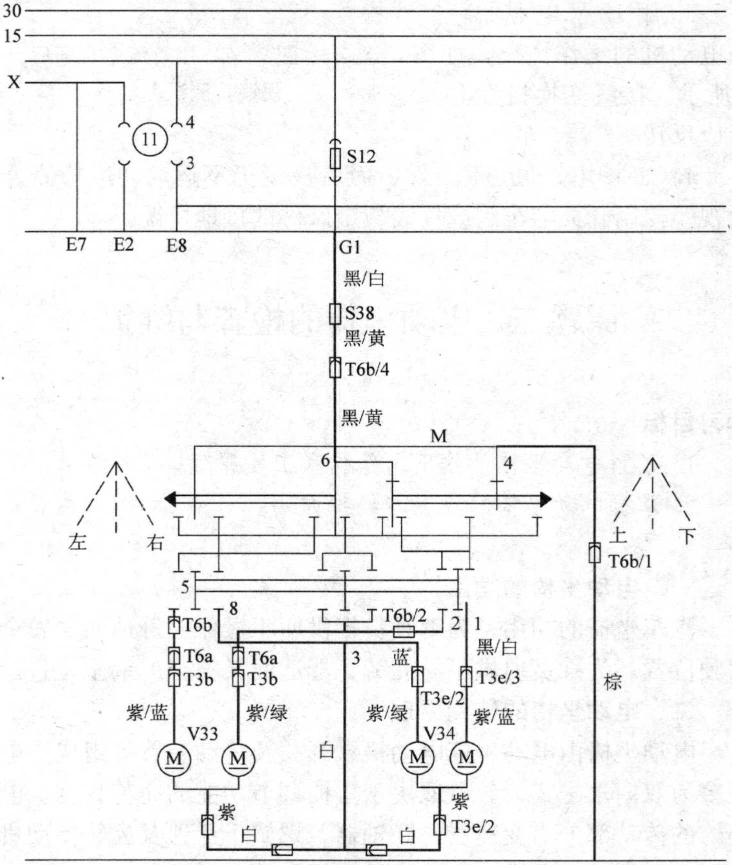

图 7—6 电动后视镜电气线路图

作业 1 电动后视镜的检查与维护

1. 检查中央控制盒内的插片式熔断器或过载保护断路器。

2. 用万用表测试电动后视镜开关性能，电动后视镜的开关如图7—5中标注3所示，检查开关的通断情况要符合要求，否则表明损坏，应更换新件。

3. 用12 V电源的跨接线检查电动机的工作情况，如图7—7所示。接线变换极性时，电动机应反转。

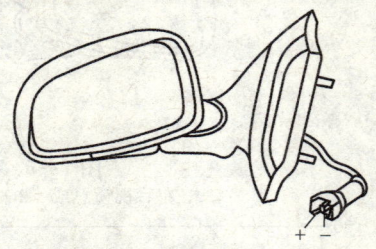

图7—7 用直流电直通后视镜，测试电动机性能

4. 如果电动机正常工作，而后视镜仍不运动，应检查连接后视镜控制开关与车门或仪表板金属件的接地情况。

课题三 电动坐椅的检查与维护

学习目标

1. 了解电动坐椅的作用、结构和工作原理；
2. 掌握电动坐椅的检查与维护方法。

一、电动坐椅的功用

汽车坐椅的功用是为驾驶员提供便于操作、舒适而又安全的驾驶位置；为乘员提供不易疲劳、舒适而又安全的乘坐位置。

二、电动坐椅的结构原理

电动坐椅由电动坐椅电动机、开关及传动装置等组成。电动机多为双向永磁式，数量取决于坐椅调节功能的完善程度。电动坐椅的传动部分由变速器、联轴器、螺旋千斤顶及齿轮传动机构等组成。开关接通后，电动机动力经齿轮、联轴器、变速器、轮轴等传至坐椅调节器。当调节到达行程终止时,软轴停止运动,此时若电动机仍在运转,其动力将被橡胶联轴器所吸收,以防电动机过载损坏。

电动坐椅的结构如图7—8所示。

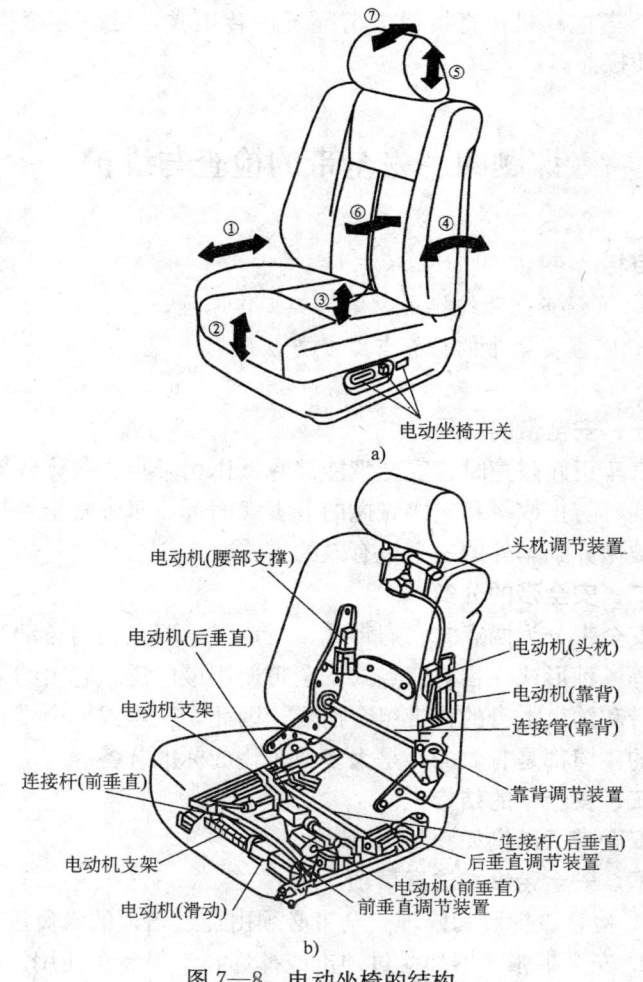

图7—8 电动坐椅的结构
a) 电动坐椅的基本结构 b) 各总成在坐椅上的布置

作业 1 电动坐椅的检查与维护

1. 取下坐椅控制开关，用万用表检测开关的性能。
2. 若开关正常，可用跨接线将蓄电池的直流电直接连接电动机，检查电动机运转情况。
3. 若电动机在直接通电情况下运转正常，可以继续检查线束和插接器。

课题四　安全带的检查与维护

学习目标

1. 了解安全带的作用、结构和工作原理；
2. 掌握安全带的检查与维护方法。

一、安全带的功用

汽车正面碰撞时，安全带能够降低作用于乘员身体各部位的减速度，防止或缓和二次碰撞的危害。而且，佩戴安全带是防止乘员被抛弃到车外的一个最有效的措施。

二、安全带的分类

安全带分为两点式、肩带式、三点式、四点式与自动及半自动式等各种形式。目前三点式安全带使用最广泛，它由约束腰部的围带和约束上身的背带组合而成。因此，三点式安全带对任何形态的碰撞都是有效的，是大多数车辆的标准装备。

三、安全带的结构

安全带的结构如图 7—9 所示。

四、安全带维护注意事项

1. 检查、拆装和修理安全带必须由经过培训的人员进行。
2. 安全带张紧器如受过冲击或摔坏，不得装车使用。
3. 安全带张紧器的机械损坏，需要更换新件。

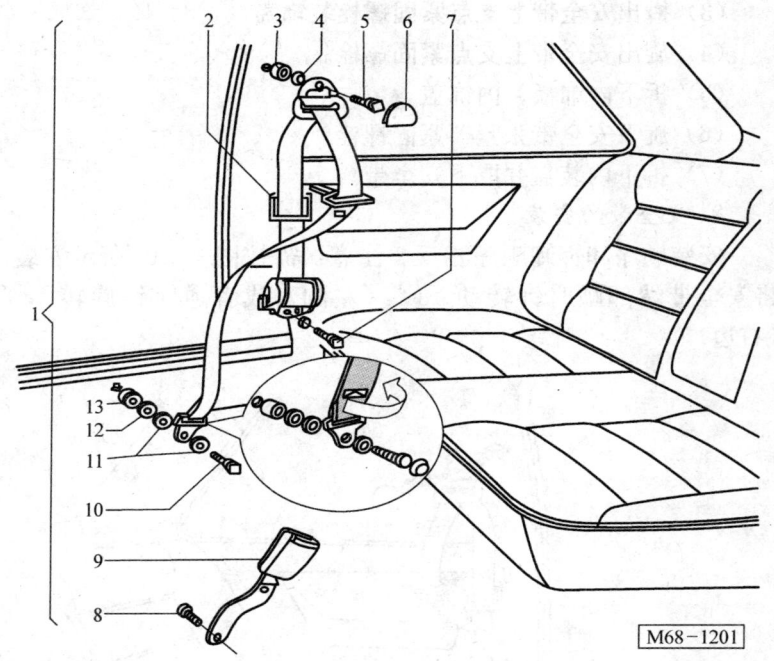

图 7—9 安全带的结构

1—前安全带 2—安全带扣 3—支承环 4—安全带紧固垫片 5—安全带上支点螺栓 6—安全带上支点装饰盖 7—安全带张紧器螺栓 8—安全带锁扣螺栓 9—安全带锁扣 10—安全带紧固垫片 11—安全带下支点螺栓 12—间隔轮 13—支承环

4. 旧安全带的销毁处理需由销售中心和厂商处理。

5. 安全带张紧器的拆卸和安装不允许使用锤子敲击。

6. 不允许随意乱放安全带张紧器。

7. 不允许使用油脂类清洗液或溶剂清洗和处理安全带张紧器，不允许将安全带装置放置在 100℃ 以上的温度中。

作业 1 安全带的拆装

1. 安全带的拆卸

(1) 撬出安全带下支点紧固螺栓装饰盖。

(2) 旋出安全带下支点紧固螺栓。

(3) 撬出安全带上支点紧固螺栓装饰盖。
(4) 旋出安全带上支点紧固螺栓。
(5) 拆下内饰板、内饰盖。
(6) 旋下安全带张紧器紧固螺栓。
(7) 拆下内装盖并取下安全带。

2. 安全带的安装

安装顺序和拆卸顺序相反。注意：需按图 7—10 所示安装，将安全带端部顺时针转动 180°（左侧）或者逆时针旋转 180°（右边）。

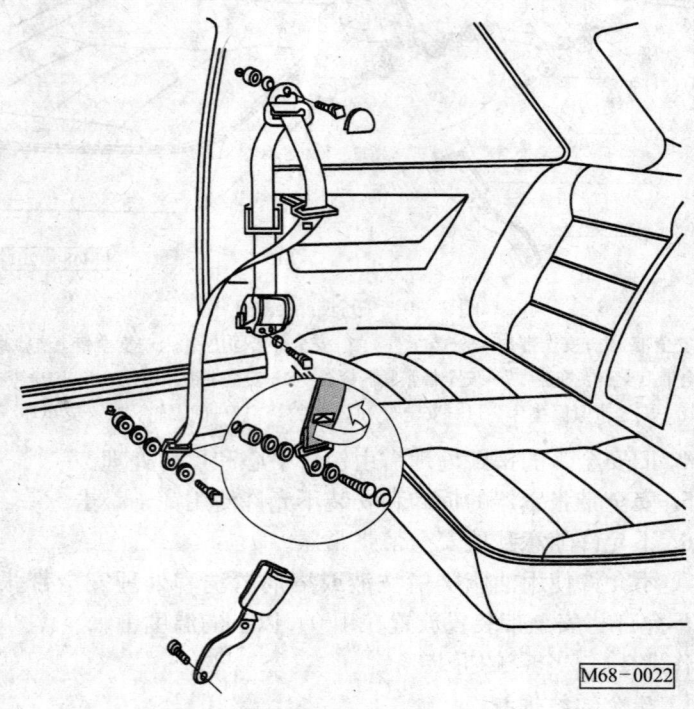

图 7—10　安全带的安装

作业 2　安全带的检查

1. 安全带的检查

把安全带从自锁装置上完好无损地拆下来，检查安全带是否脏污，必要时可用中碱性肥皂清洗。如图 7—11 所示，如果安全带被剪开或擦伤、安全带边缘织物被撕开、安全带上有烟头烧穿孔 3 种状况，安全带需要更换。

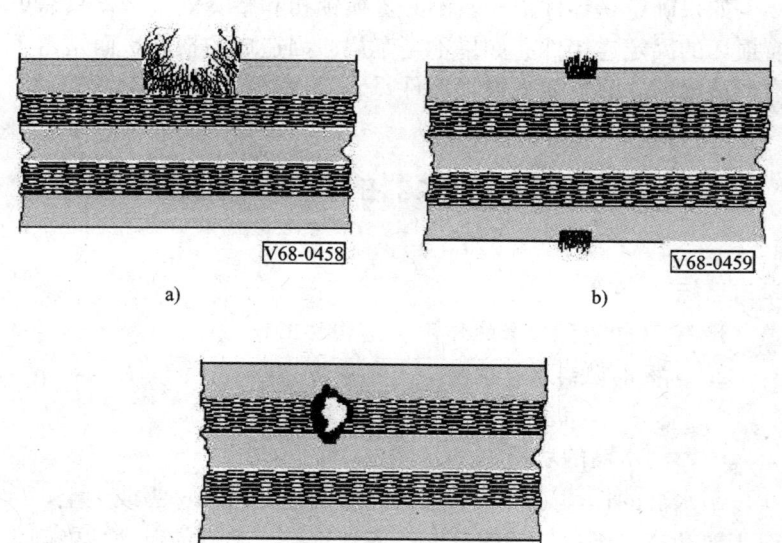

图 7—11　安全带的检查
a) 安全带被剪开或擦伤　b) 安全带边缘织物被撕开　c) 安全带上有烟头烧穿孔

2. 检查安全带惯性轮

用力将安全带从自动卷缩器上拉出，如果没有锁紧作用，更换锁扣和整套安全带，检查安全带拉伸和收缩是否存在故障，自动卷缩器是否发生位置变化。扣紧安全带，将汽车加速到 20 km/h，用脚制动实施完全制动，如果在制动过程中，安全带无法被有效地锁定，更换锁扣和整套安全带装置。

3. 目检安全带锁扣

仔细检查安全带锁扣上有无裂纹和裂开之处，如果发现损坏，应更换锁扣和整套安全带。注意：绝不允许使用润滑油脂来消除安全带锁的噪声和不灵活。

4. 检查固定连接件和固定连接点

如果确定是零件损坏，不必更换锁扣和整套安全带，只需更换损坏的固定连接件。如果不是车祸原因造成的损坏，而是由于磨损造成的，只需要更换损坏件。

模块五　刮水器的检查与维护

学习目标

1. 了解电动刮水器的作用、结构和工作原理；
2. 掌握电动刮水器的检查与维护方法。

一、刮水器的功用

刮水器的作用是用来清除风挡玻璃上的雨水、雪或尘土，确保为驾驶员提供良好的能见度。通常汽车上装有前风挡玻璃刮水器和后风挡玻璃刮水器。

二、刮水器的分类

根据驱动装置的不同，刮水器有真空式、气动式、电动式3种。目前汽车上广泛使用的是电动刮水器。

三、刮水器的结构原理

电动刮水器由直流电动机和一套传动机构组成。电动机旋转经减速和连动机构的作用，变成雨刮臂的摆动。电动刮水器的结构原理如图7-12所示。

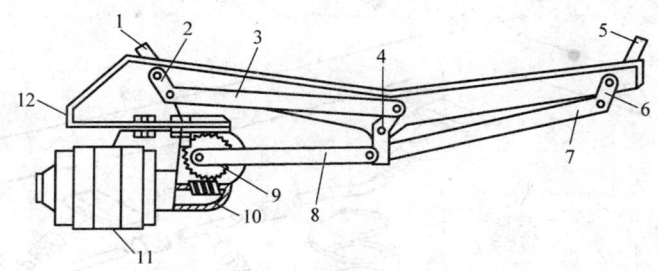

图 7—12 电动刮水器

1、5—刷架 2、4、6—摆杆 3、7、8—拉杆 9—蜗轮 10—蜗杆 11—电动机 12—底板

桑塔纳轿车的刮水器及清洗装置，由熔断器、带间歇挡的前风挡玻璃刮水器开关、前风挡玻璃刮水器继电器、电动机、刮水器支座、连杆总成、定位杆以及刮水器橡皮条、喷水泵、储液罐、喷嘴等组成，如图 7—13 和图 7—14 所示。

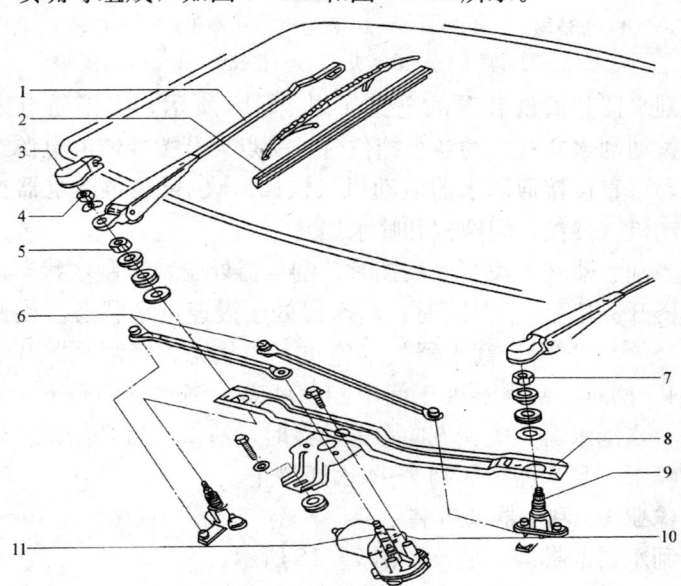

图 7—13 刮水器的结构
1—雨刷臂 2—雨刷橡胶片 3—防护罩 4、5、7—螺母
6—摆杆 8—支座 9—轴颈 10—电动机 11—曲柄

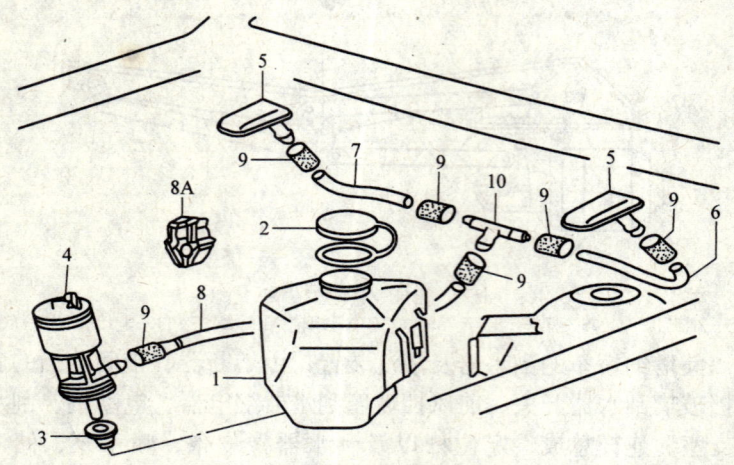

图 7—14 清洗装置的结构
1—储液罐 2—加液口盖 3—密封垫 4—喷水泵 5—喷嘴
6、7、8—塑料管 8A—软管夹子 9—橡胶管 10—三通接头

刮水器和清洗装置的电路如图 7—15 所示,当接通点火开关,拨动刮水器开关的各个挡位时,受点火开关控制的电源经熔断器,可直接接通刮水器电动机(快挡),也可经过继电器再操纵电动机(慢挡、间隙挡和喷水挡)。

当刮水器开关拨至最高挡时,刮水器处于快速刮水状态。当刮水器开关拨至"2"挡时,刮水器处于慢速刮水状态。当刮水器拨至"3"挡时,刮水器处于停止工作状态。当刮水器开关拨至"4"挡时,刮水器处于间隙刮水状态。刮水器约每 6 s 工作一次。当刮水器开关朝方向盘方向拨时,清洗装置开始工作,喷水泵喷水,刮水器来回刮 3~4 次即停止。

作业 1 刮水器的拆装

刮水器的拆装方法,如图 7—16 所示。

作业 2 刮水器的检查与维护

1. 刮水器的解体检查

(1) 检查换向器接触面是否脏污或有沟漕,如果有,则用 00

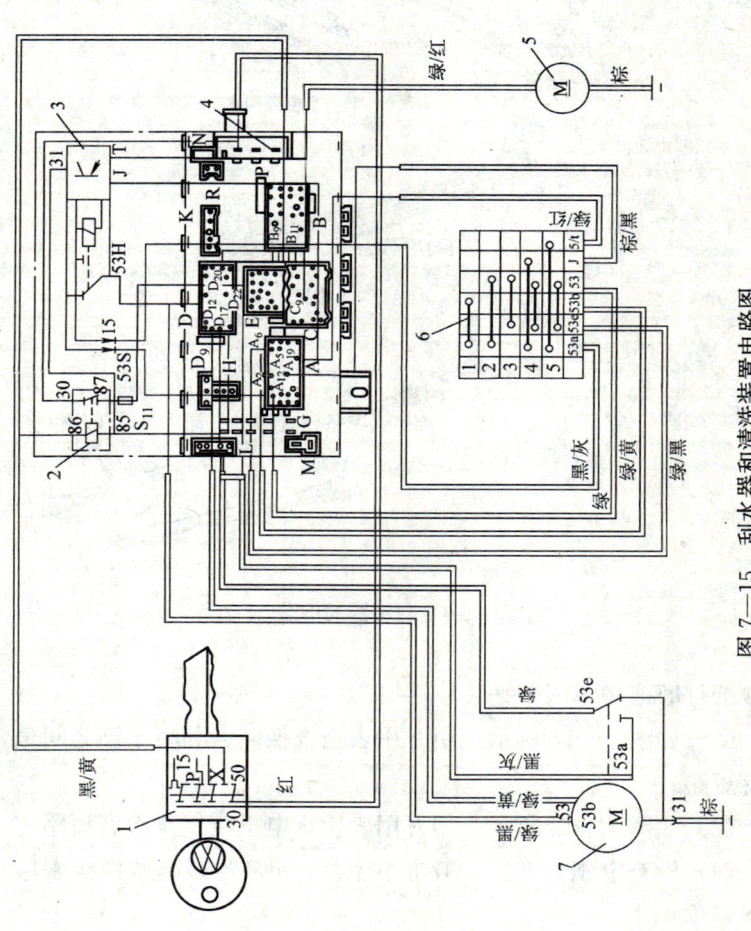

图 7—15 刮水器和清洗装置电路图

1—点火开关 2—刮水器继电器 3—延时继电器 4—中央线路板 5—清洗电机 6—刮水器开关 7—刮水器电机

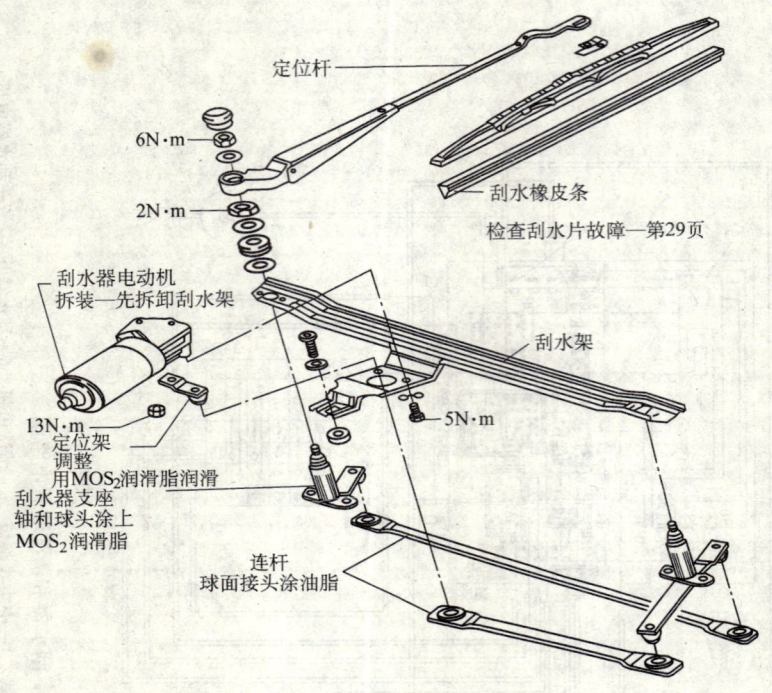

图 7—16 刮水器的拆装

号砂纸打磨或用车床车平。

(2) 如图 7—17 所示,用万用表检查换向器和转子轴之间是否有短路。

(3) 如图 7—18 所示,用万用表检查电枢绕组是否有短路。

(4) 检查电刷长度,一般不小于 8 mm,若超出磨损极限应更换新件。

(5) 检查减速齿轮、蜗轮是否磨损松旷、是否断齿。

(6) 检查电枢与轴承的配合间隙,一般不超过 0.1 mm,摇臂的轴向间隙不应超过 0.12 mm,否则应修理或更换。

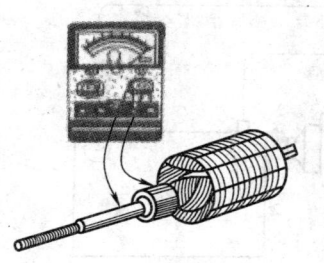 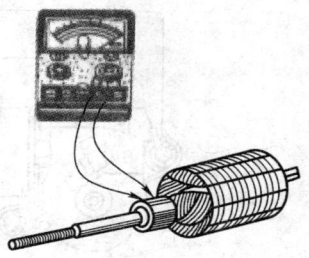

图 7—17　换向器和转子轴之间短路检查　图 7—18　电枢绕组断路的检查

2. 刮水器的性能检查

(1) 低速工作检查　如图 7—19 所示,将刮水器电动机的接线柱＋1 接蓄电池的正极,电动机壳体接蓄电池负极。此时电动机应该做低速运转。

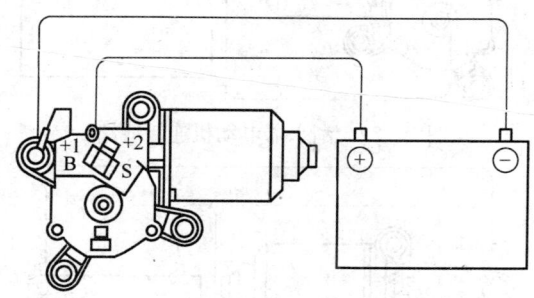

图 7—19　低速工作检查

(2) 高速工作检查　如图 7—20 所示,将刮水器电动机的接线柱＋2 接蓄电池的正极,电动机壳体接蓄电池负极。此时电动机应该做高速运转。

(3) 停止工作检查　如图 7—21 所示,将刮水器电动机的接线柱 B、＋1 接蓄电池的正极,电动机壳体接蓄电池负极。此时使电动机应该做低速运转。如图 7—22 所示,断开＋1 接线,将＋1 与 S 两接线柱连接起来,此时电动机应转动并停在自动停止位置。如图 7—23 所示。

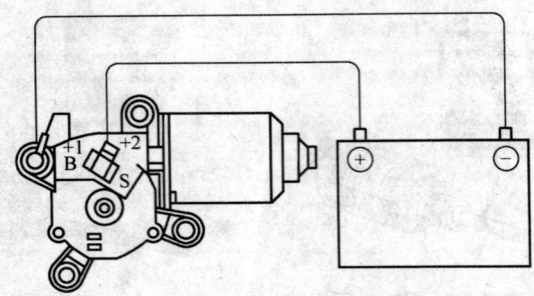

图 7—20　高速工作检查

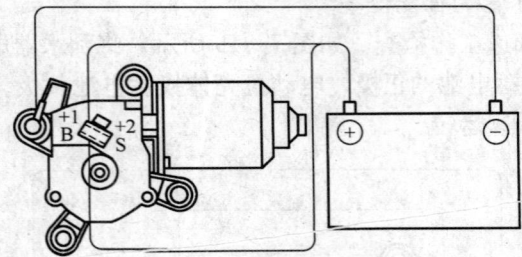

图 7—21　刮水器电动机连接线路

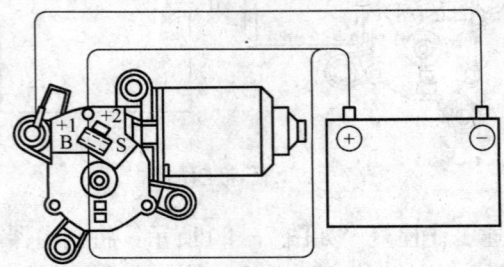

图 7—22　刮水器电动机检查线路

(4) 刮片停止位置检查　如图 7—24 所示，刮水片的停止位置应该符合要求：$a=36$ mm，$b=63$ mm。

3. 刮水片停止位置的调整

松开刮水片紧固螺母，将刮水片调整到准确位置后，再拧紧紧固螺母即可。

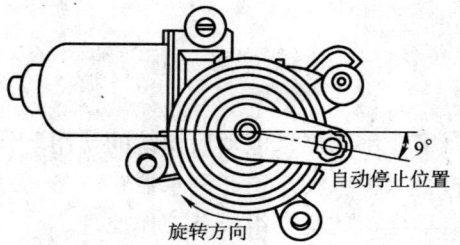

图 7—23 电动机的自动停止位置

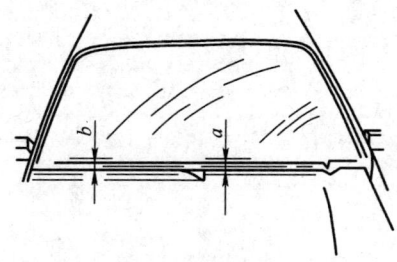

图 7—24 刮水片停止位置检查

4. 电枢转子轴承的调整

松开锁紧螺母,用螺钉旋具将螺钉拧到底后,再退回 1/4 圈即可。

5. 润滑

(1) 球轴承加注润滑脂。

(2) 在变速齿轮、蜗轮、心轴及固定螺套内加注润滑脂。

(3) 在刮水器连杆连接处的球头、球碗内加注润滑脂。

练 习 题

1. 电动车窗、刮水器、电动后视镜的功用是什么？
2. 如何检查维护电动车窗、刮水器？
3. 叙述电动坐椅的基本组成和工作原理。
4. 如何检查安全带？

单元八 全车线路的维护

课题一 导线与插头的维护

学习目标

1. 了解汽车线束以及汽车线束在车上的布置；
2. 掌握汽车线束的维护检查方法。

一、汽车线束的认识

汽车的线束直接受到机械振动、颠簸、温度的变化、摩擦刮伤以及油水的侵蚀，长期使用后线束易损坏、线头断开或接触不良，这就需要更换导线、接线头、电路断电器或全车线束。图8—1所示为桑塔纳2000的整车电路图。

二、线束在车上的布置

桑塔纳轿车的各种线束布置如图8—2~图8—14所示。

三、插头的认识

线束与线束之间采用的插头称为插接器，现代汽车线束总成中有很多种插接器，为了保证插接器的可靠连接，其上都有一次锁紧、二次锁紧装置，插孔内都有对端子的限位和止退装置。为了避免装配和安装中出现差错，插接器还可以制成不同的规格型号、不同的形式和颜色，这样不仅拆装方便，而且不会出现差错。图8—15所示为凸轮转速传感器的插接器。

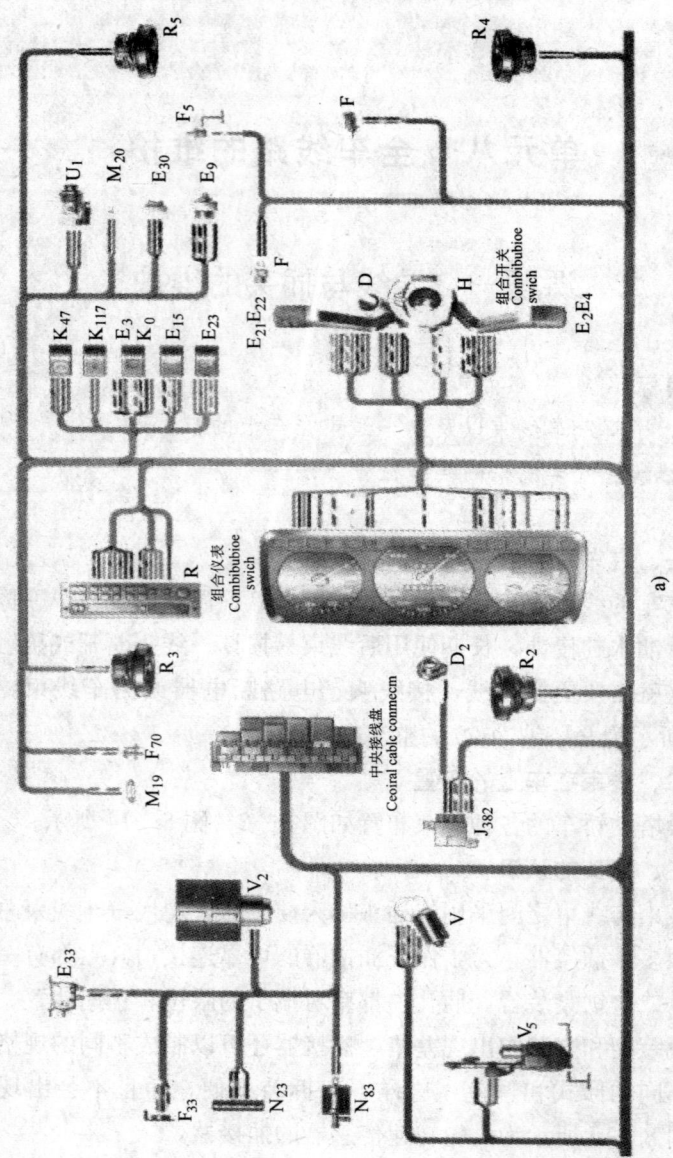

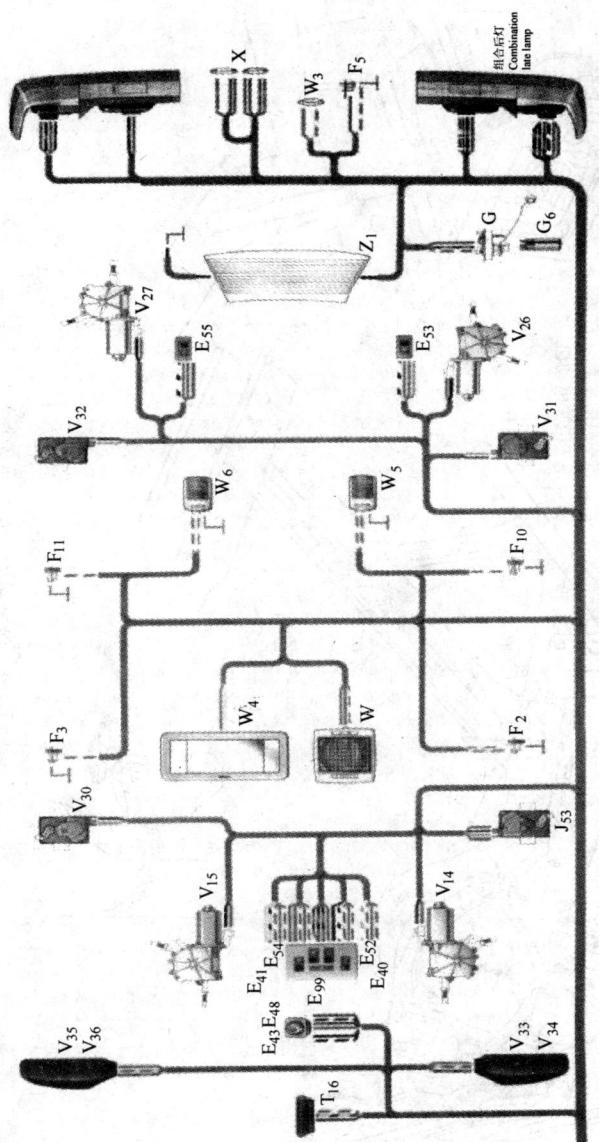

图 8—1 桑塔纳 2000 的整车电路图 b)

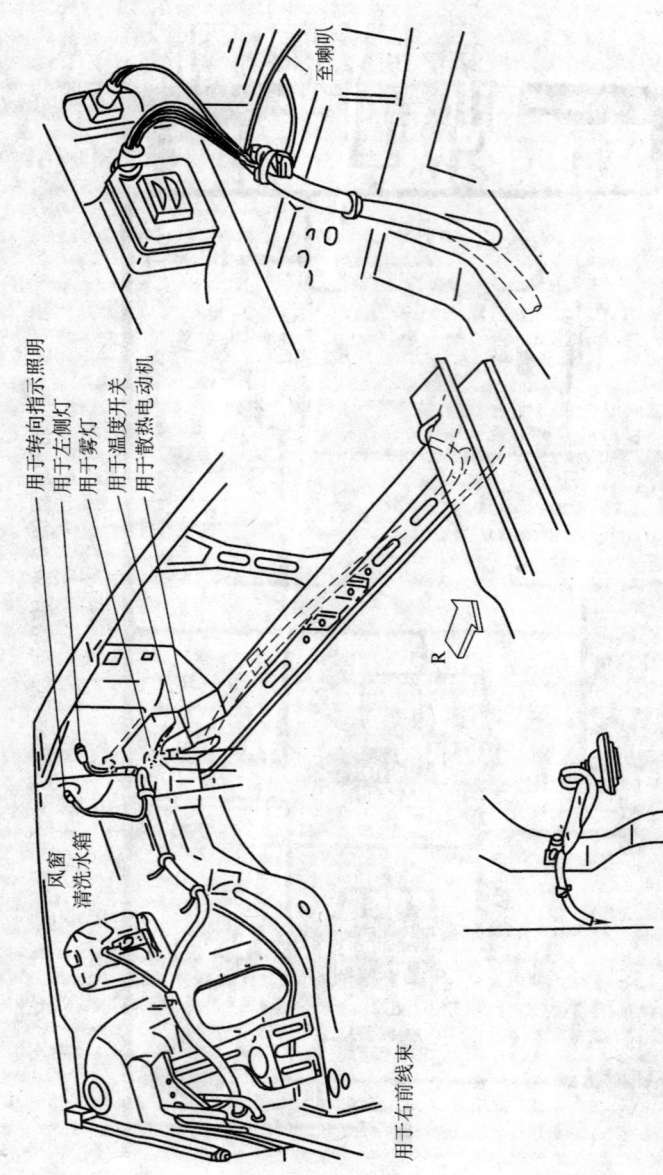

图 8-2 发动机室左侧线束布置

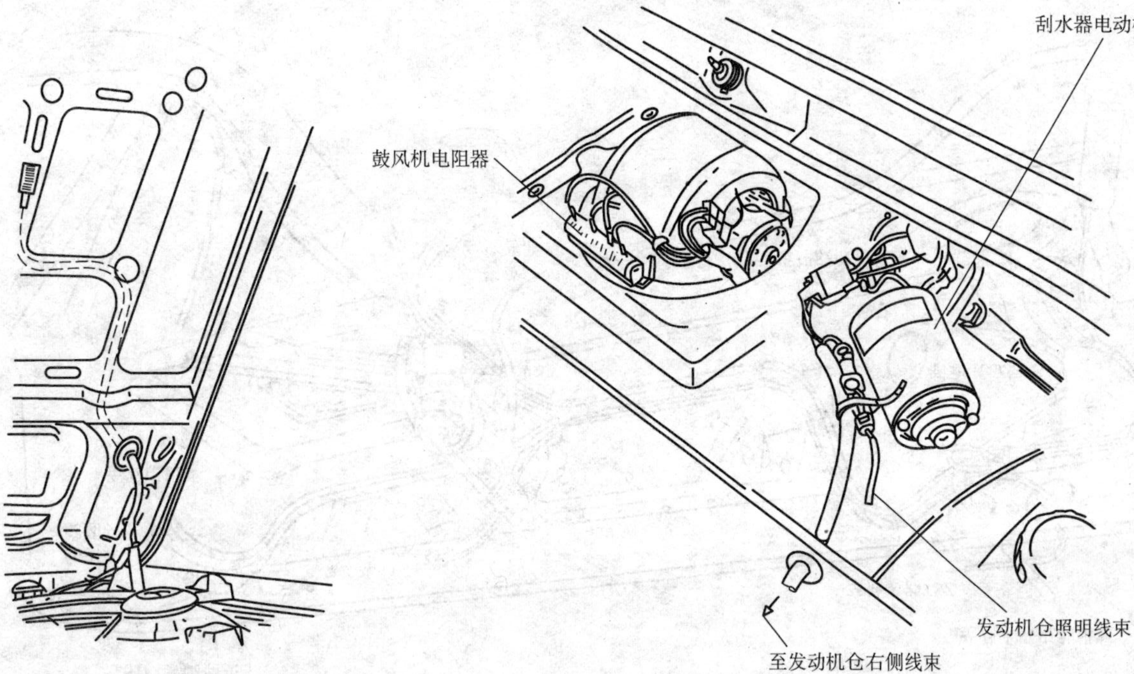

图 8—3 发动机室照明线束布置

刮水器电动机
发动机仓照明线束
至发动机仓右侧线束
鼓风机电阻器

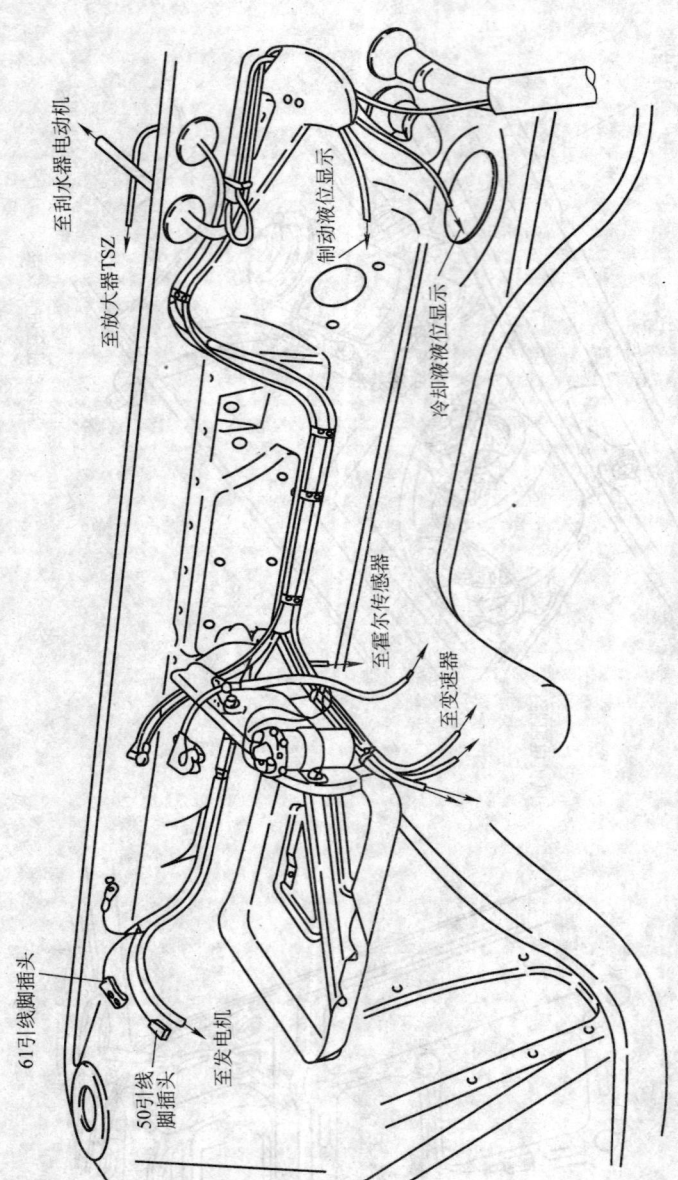

图 8—4 发动机室线束布置

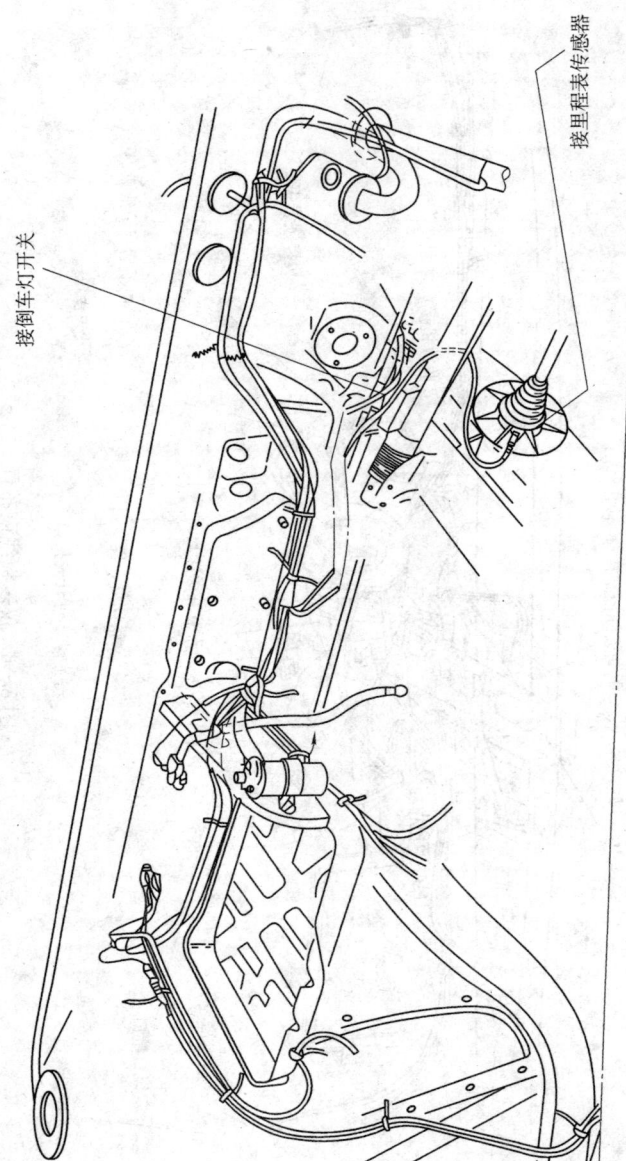

图 8-5 车速里程表传感器布置

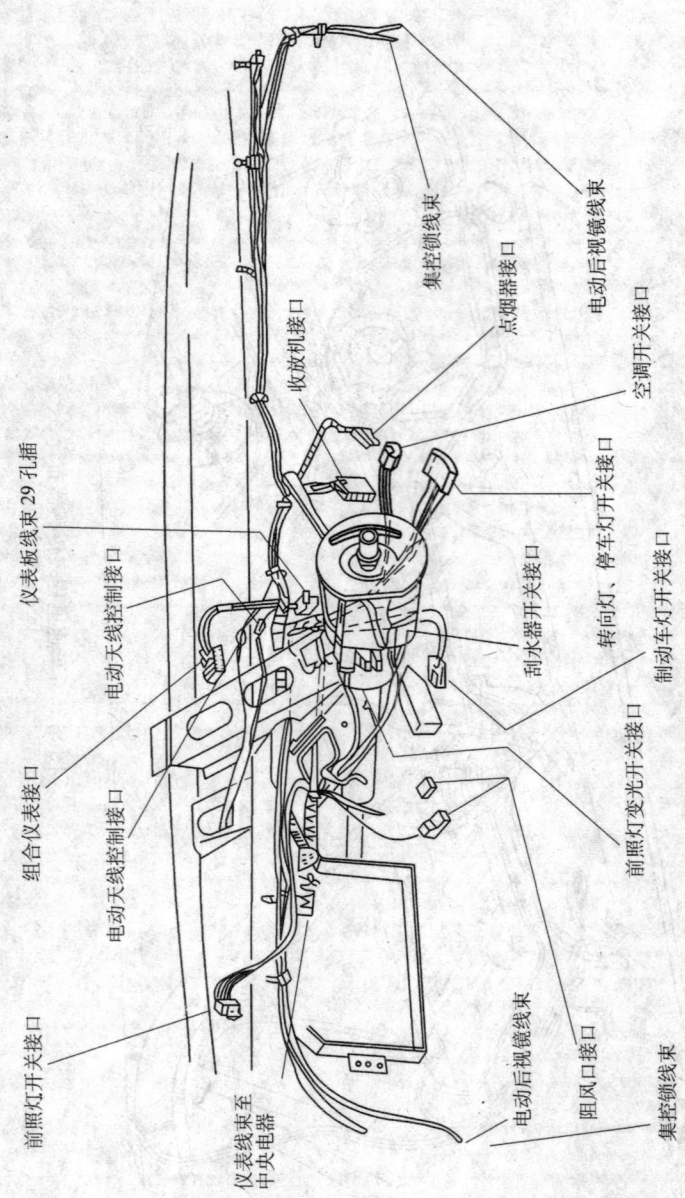

图 8—6 仪表板线束布置

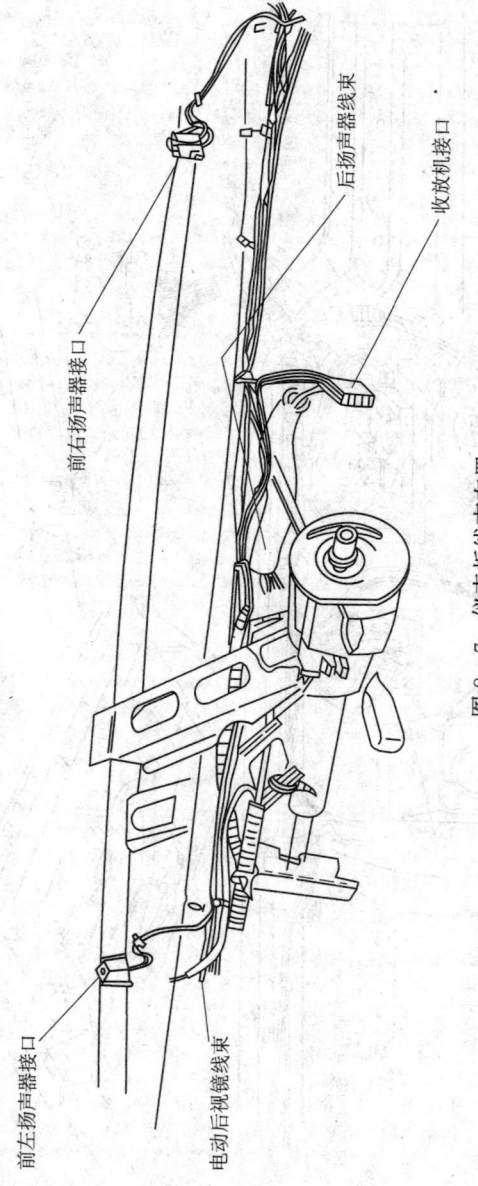

图 8-7 仪表板线束布置

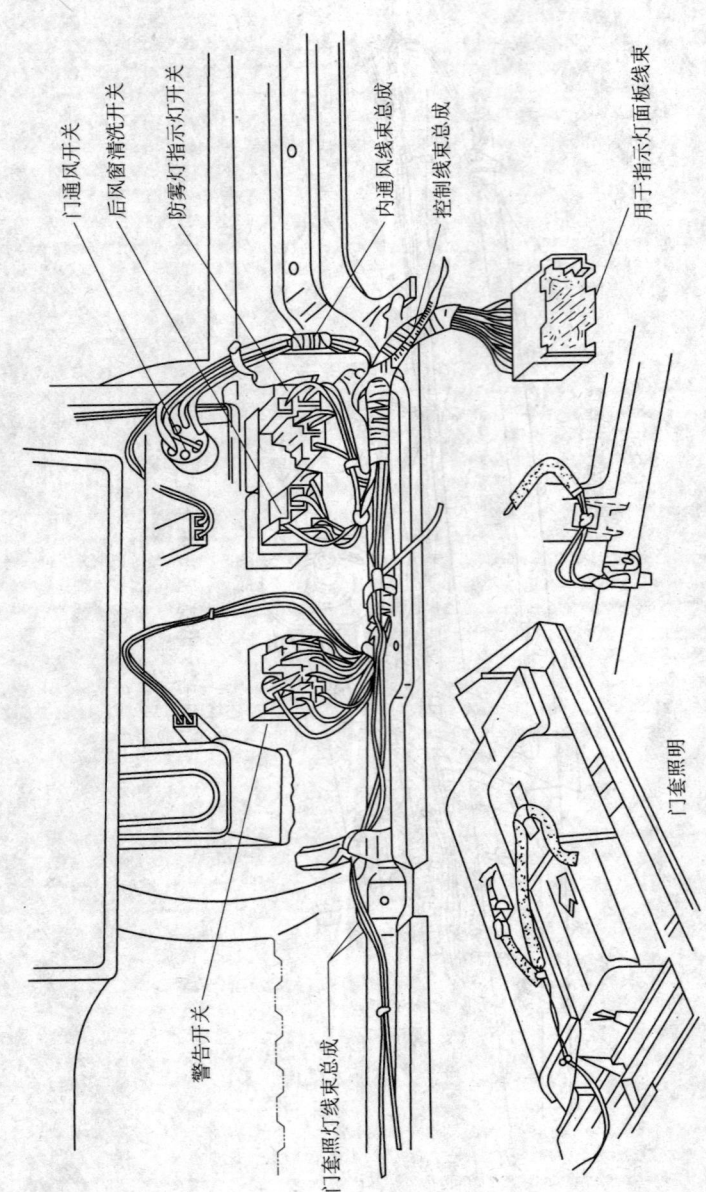

图 8-8 仪表板线束布置

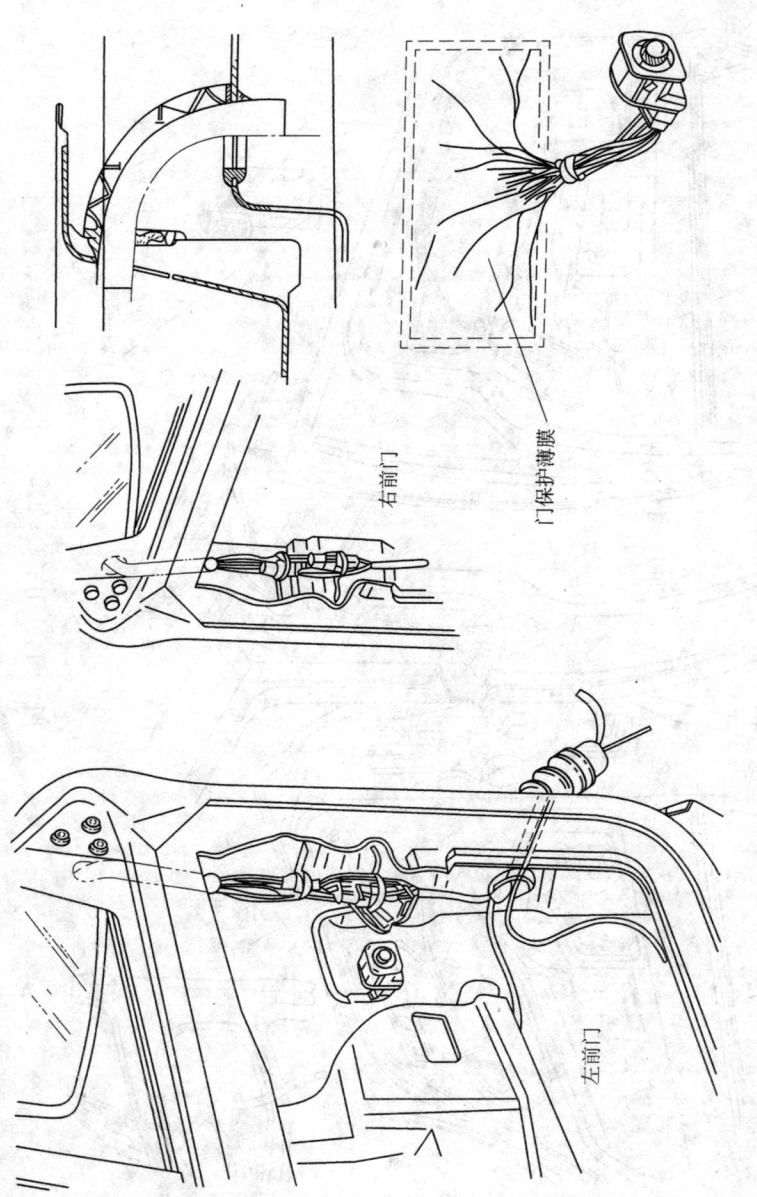

图 8—9 门内线束布置

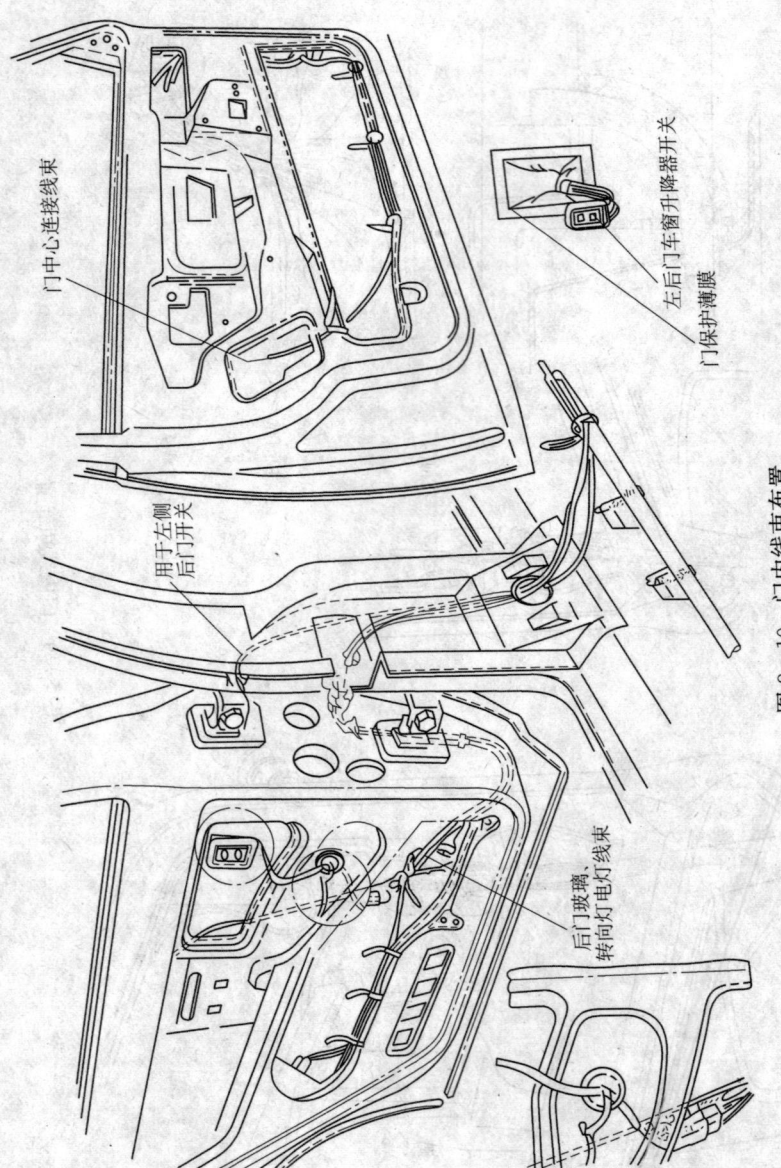

图 8—10 门内线束布置

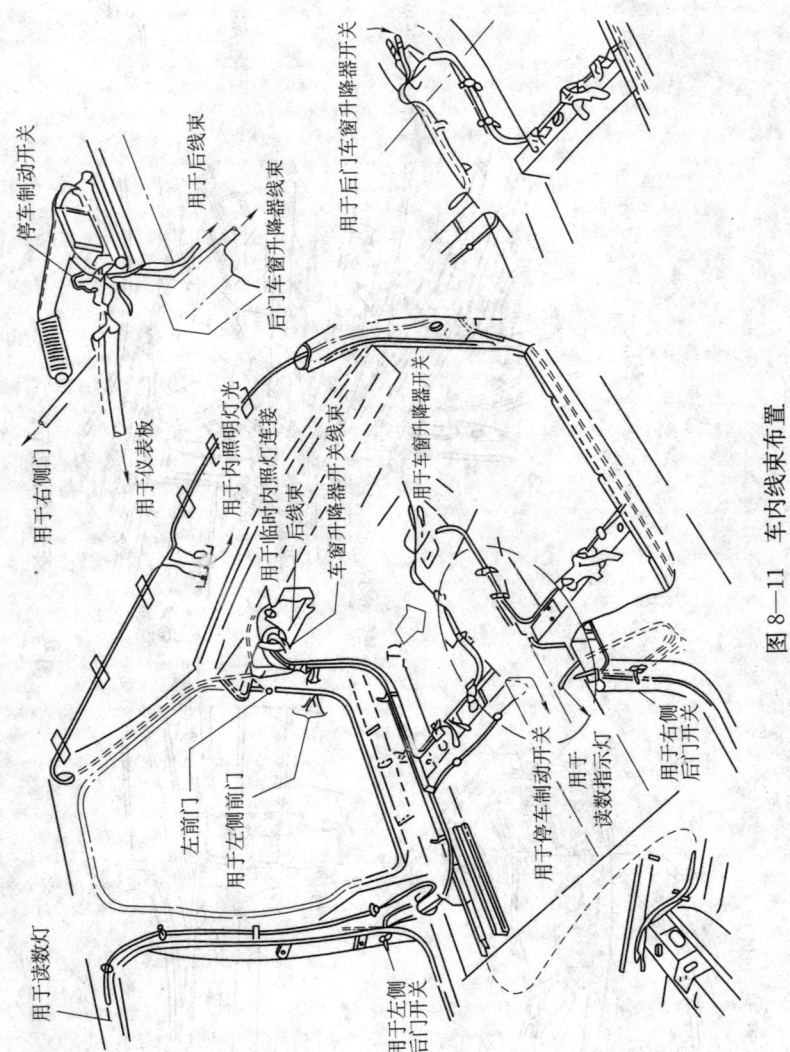

图 8—11 车内线束布置

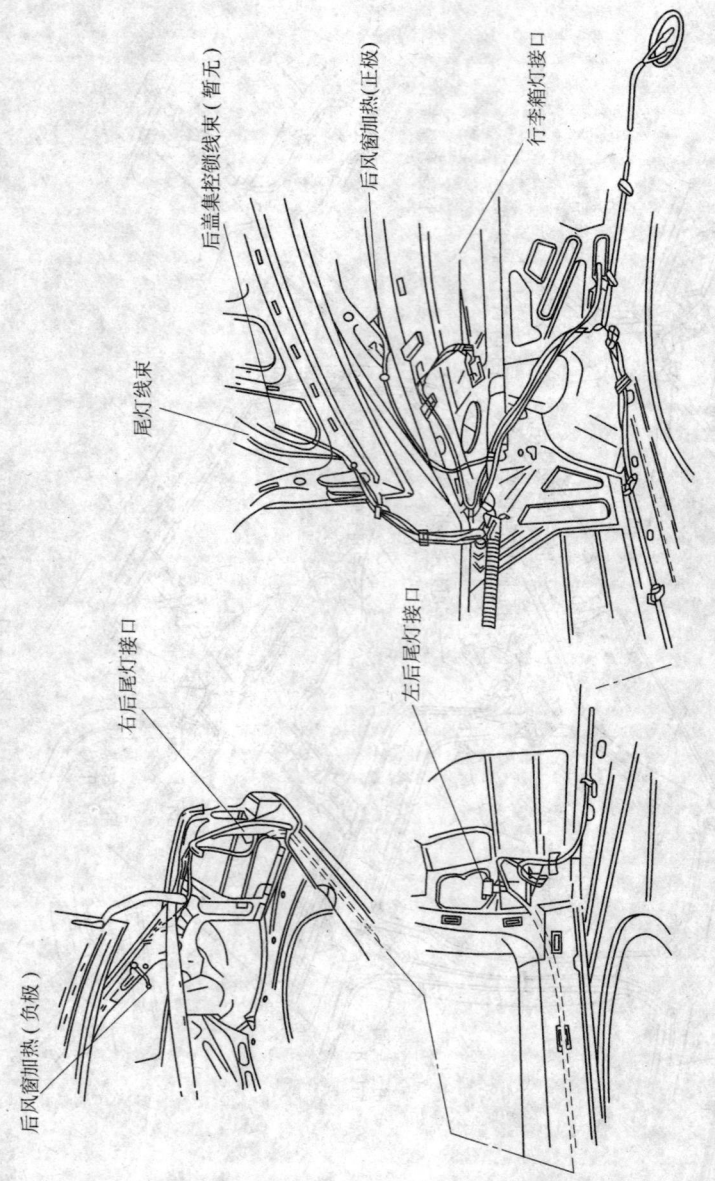

图 8—12 车后部线束布置

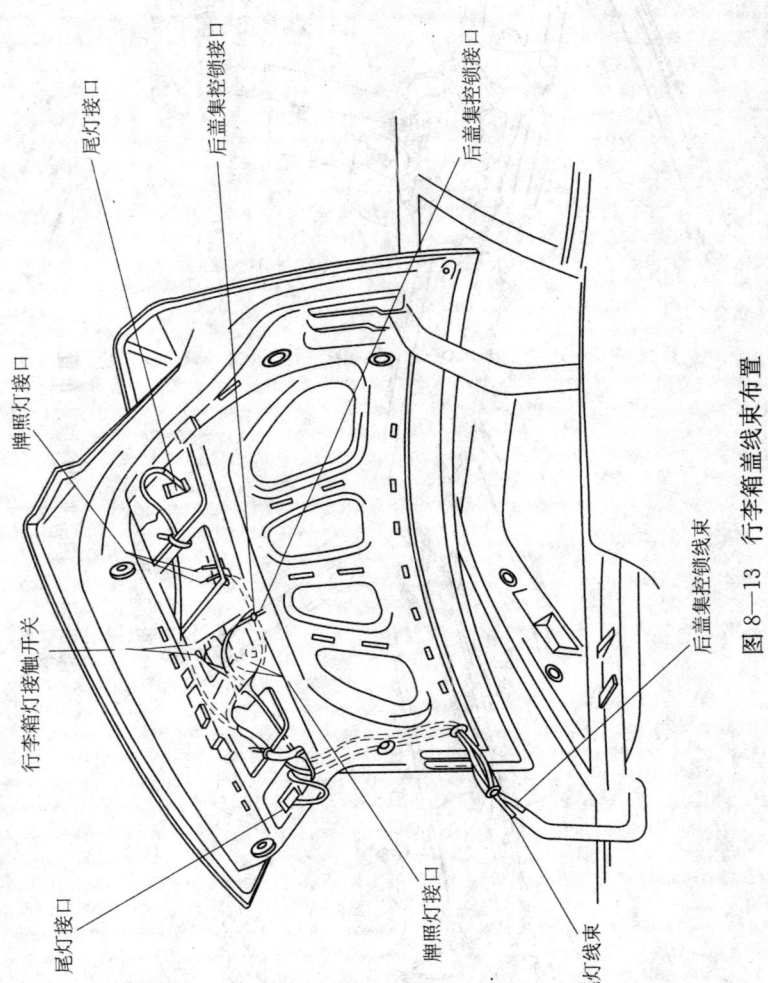

图 8-13 行李箱盖线束布置

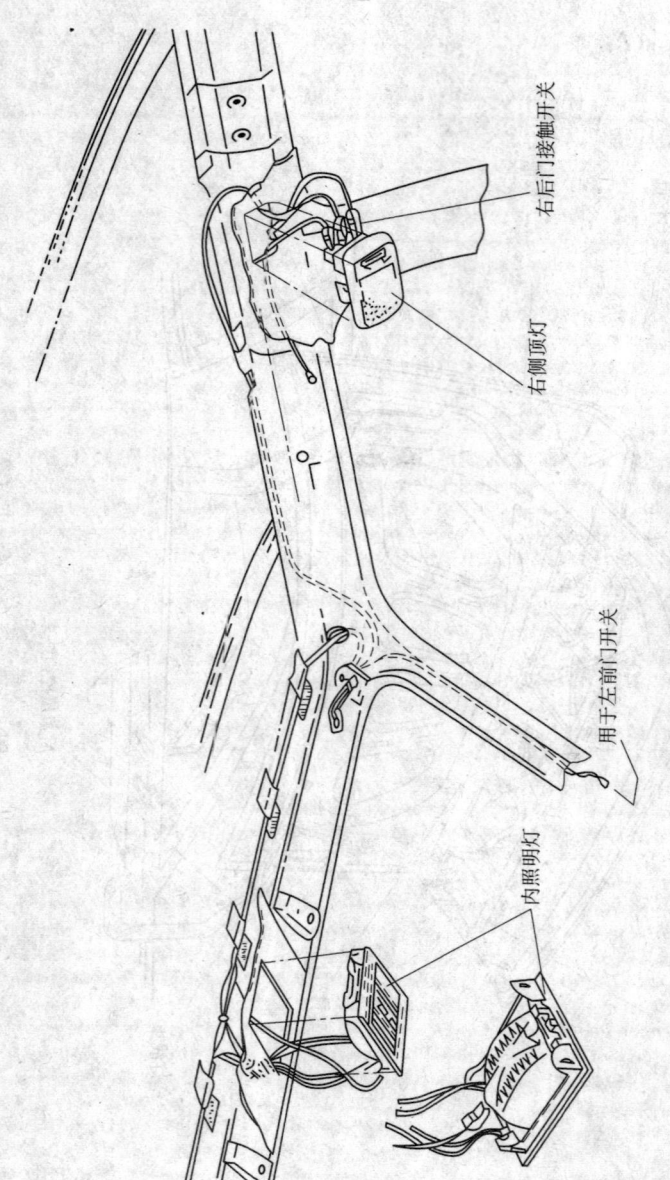

图 8—14 内部照明灯线束布置

图 8—15 凸轮转速传感器的插接器

作业一 线束及插头的维护

1. 插接器的拆卸

图 8—16 所示为几种常见的插接器的拆卸方法。插装插接器的时候,必须要压下闭锁,而不能直接猛拉线束,如果发现插接

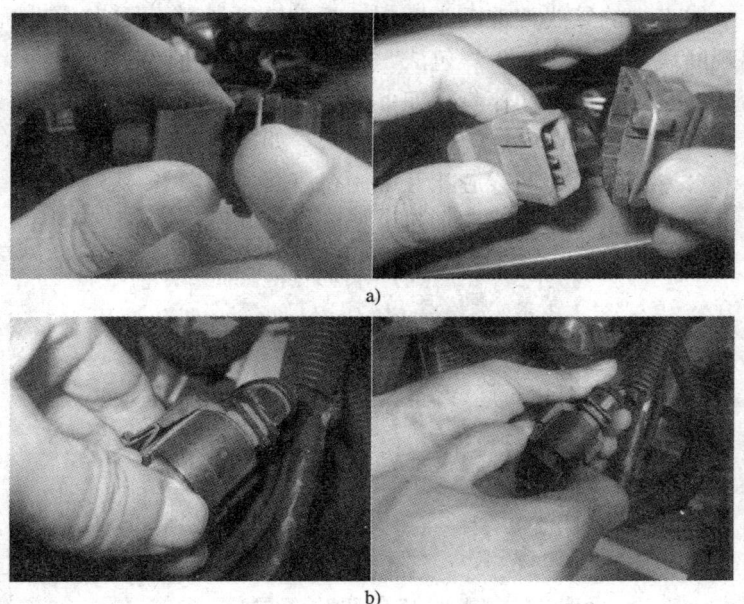

a)

b)

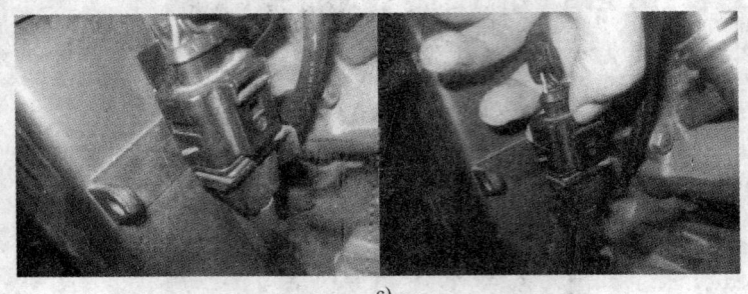

c)

图 8—16　插接器的拆卸

器的插座有损坏或者锈蚀,应该用小螺钉旋具自插口端伸入,撬开闭锁环,拉出线头,对于有锈蚀的部分可以用细砂纸打磨去掉,有损坏时直接更换插头和插座。

2. 断线的修复

线束中的导线常常因为磨损、振动或意外载荷而出现折断,出现断线通常采用断头焊包法、压套法、附加插接器法修复。

断头焊包法的操作步骤如下:

(1) 将断头两端拨掉一段绝缘层,如图 8—17 所示。

(2) 用钳子将两线芯相互绕制在一起,如图 8—18 所示。

(3) 用电烙铁将线芯加热,如图 8—19 所示。

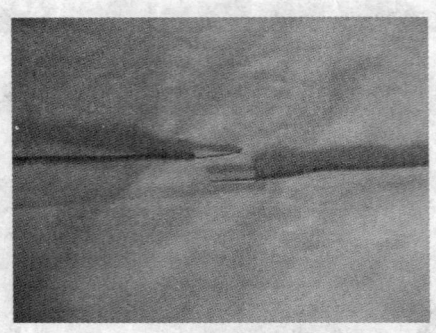

图 8—17　拨掉绝缘层

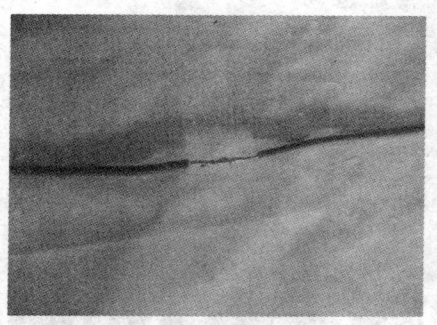

图 8—18 绕制线芯

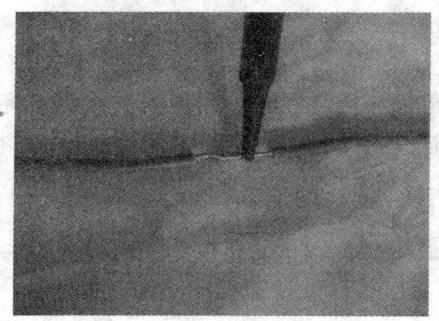

图 8—19 线芯加热

(4) 线芯加热后用松香、焊锡与线芯接触，使其熔接，断线即可修复，并包上绝缘胶布。如图 8—20 和 8—21 所示。

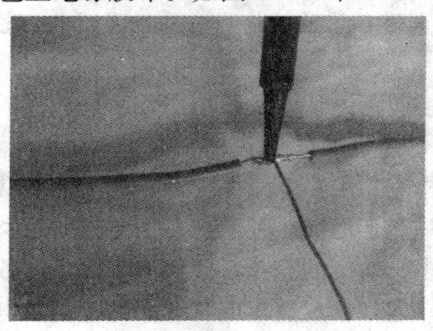

图 8—20 用电烙铁熔接线芯

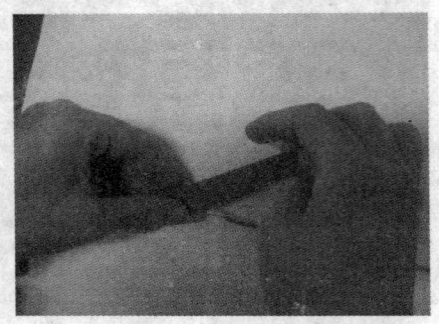

图 8—21 包绝缘胶布

如导线严重损坏或烧毁时可用新线自接,并将新敷设的线束包扎成一体,新线自接时应注意被接导线两端的颜色一致。

课题二 熔丝与继电器的检查与更换

学习目标

1. 了解中央控制盒的结构,以及控制盒上各熔丝和继电器的作用;

2. 掌握继电器和熔丝的检查方法以及更换方法。

一、中央控制盒的认识及维护

1. 中央控制盒的认识

为了便于检查和更换电路保护器,汽车上通常将各电路的熔丝集中安装在一起,形成一种保护多条电路的熔丝盒,随着汽车电气装置的增多、功能的完善,现代汽车都是将各种控制继电器与熔丝安装在一起,构成整车电气线路的控制及电能配合的中央控制盒。中央控制盒的实物结构如图 8—22 所示。

图 8—22 中央控制盒的实物结构
a) 正面结构 b) 反面结构

2. 继电器的位置和名称

中央控制盒正面布置如图 8—23 所示,各继电器的名称见表 8—1。

3. 中央控制盒背面板和插头

中央控制盒背面布置如图 8—24 所示,各线束接头的名称见表 8—2。

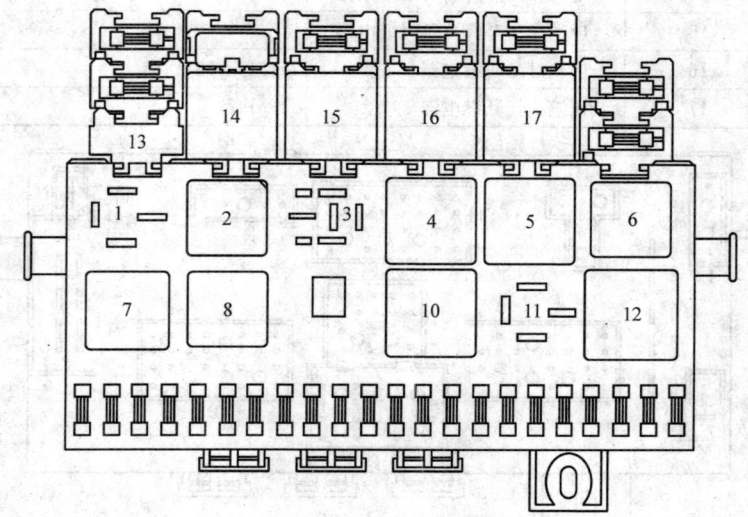

图 8—23 中央控制盒正面布置

表 8—1　　　　　　　　继电器的名称

继电器位置	名　称	产品序号	备　注
1			空位
2	燃油泵继电器	167	
3			空位
4	冷却液液位控制器	42a	
5	空调继电器	13	
6	喇叭继电器	53	
7	雾灯继电器	15	
8	X—接触继电器	18	
9			空位
10	刮水器继电器	19	
11			空位
12	转向灯继电器	21	
13			诊断线插座
14	电动车窗升降器自动继电器		
15	电动车窗升降器延时继电器		
16	内顶灯延时继电器	ZBC 955 531	
17	压缩机切断继电器	147	

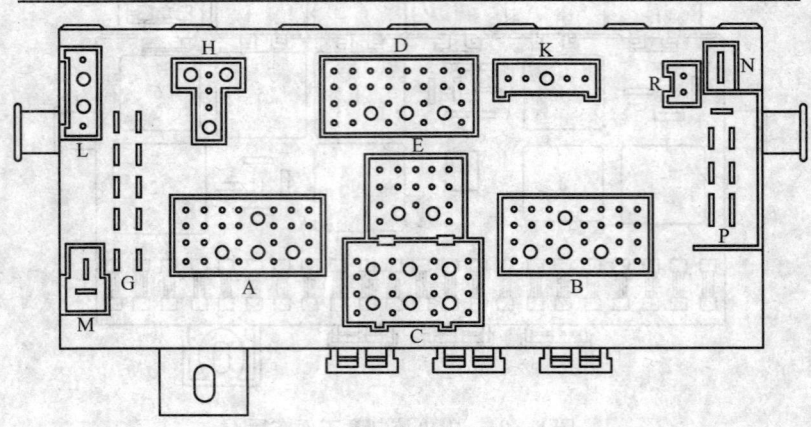

图 8—24　中央控制盒背面布置

表 8—2　　　　　　　　线束接头的名称

组合插头代号	用于接线的线束名称	插座颜色
A	仪表板线束	蓝色
B	仪表板线束	红色
C	前大灯线束	黄色
D	发动机线束	白色
E	尾部线束	黑色
G	连接单个插头	不定
H	空调操纵线束	棕色
K	空位	
L	连接喇叭继电器（在仪表板线束内）	灰色
M	空位	
N	单个插头	黑色
P	连接单个插头	不定
R	空位	

二、中央控制盒的维护

中央控制盒的维护主要是清洁、检查、紧固、更换损坏的元件，以达到消除插脚、插座间的锈蚀、烧蚀或线端的松动、局部断裂等隐患的目的。

作业 1　熔丝与继电器的检查

1. 熔丝的认识

熔丝在电路中起保护作用，当电路中流过超过规定的电流时，熔丝自身发热而熔断，切断电路，防止烧坏电路连接导线和用电设备，并把故障限制在最小范围内。常见的熔丝，按照外形可以分为熔片式、绝缘式、缠丝式，插片式等，如图 8—25 所示。通常情况下，将很多熔丝组合在一起安装在熔丝盒内，并在熔丝盒盖上注明各熔断器的名称，额定容量和位置，并用不同的颜色区别熔断器的容量。

  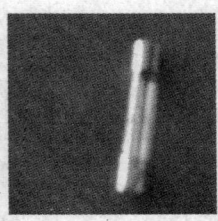

图 8—25　熔丝的分类

2. 熔丝容量和名称

熔丝在中央控制盒上的布置如图 8—26 所示，各熔丝的功能见表 8—3。

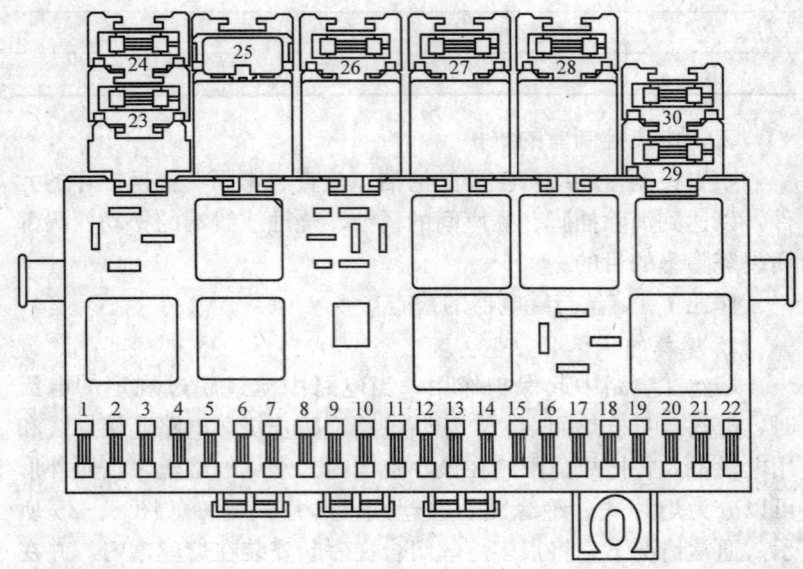

图 8—26　熔丝的布置

色标　紫色—3 A　红色—10 A　蓝色—15 A　黄色—20 A　绿色—30 A

表 8—3　　　　　　　熔丝的功能

名　　称	容量	名　　称	容量
S1 散热风扇（不开空调时）	30 A	S16 喇叭	15 A
S2 制动灯	10 A	S17 发动机控制单元	10 A
S3 点烟器 集控门锁 数字钟 内顶灯 后阅读灯 行李箱灯 遮阳灯	15 A	S18 喇叭继电器、灯光开关、ABS 警告灯	10 A
S4 报警灯	15 A	S19 收放机、转向灯、防盗器控制单元	10 A
S5 燃油泵	10 A	S20 牌照灯、杂物箱照明灯	10 A
S6 前雾灯	15 A	S21 左前大灯（近光）	10 A
S7 左尾灯、左前停车灯	10 A	S22 右前大灯（近光）	10 A
S8 右前灯、右前停车灯、发动机舱照明灯	10 A	S123 喷嘴、空气质量计、碳罐电磁阀、氧传感器加热	10 A
S9 右前大灯（远光）	10 A	S124 后雾灯	10 A
S10 左前大灯（远光）	10 A	S125 电动车窗升降器热保护器	
S11 前风挡玻璃刮水器、清洗泵	15 A	S126 空调鼓风电动机	30 A
S12 电动车窗升降器、ABS 控制单元	15 A	S127 自动天线	10 A
S13 后风挡玻璃除霜器	20 A	S128 电动后视镜	3 A
S14 空调继电器	20 A	S129 ABS 电磁阀	30 A
S15 倒车灯、车速传感器	10 A	S130 ABS 电磁阀	30 A

3. 熔丝的检查

检查方法如下：

（1）拔下熔丝，如图 8—27 所示。

（2）目查有无明显锈蚀、熔丝熔断，如图 8—28 所示。

（3）打开万用表欧姆挡，并检查万用表是否完好，如图 8—29 和图 8—30 所示。

（4）用万用表红黑表笔分别接熔丝两端，如图 8—31 所示。

图 8—27 拔下熔丝

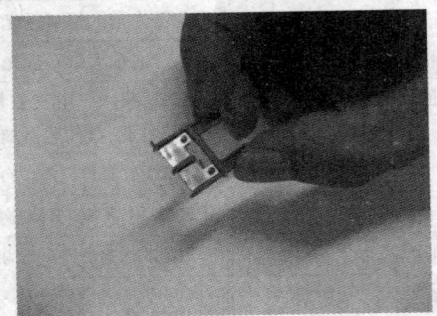

图 8—28 目查熔丝

图 8—29 万用表欧姆挡

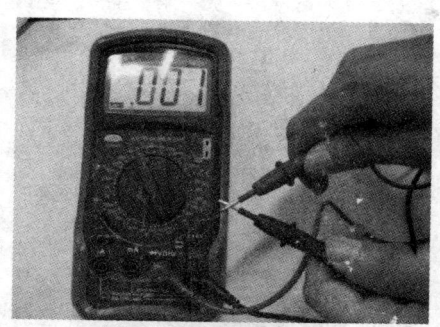

图 8—30 检查万用表

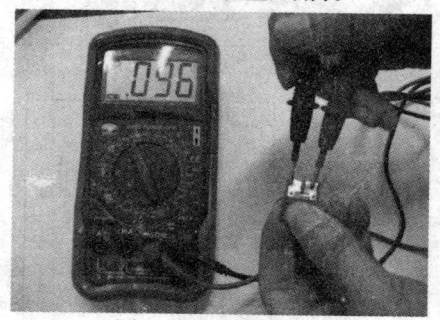

图 8—31 检查熔丝

如果测量出来的电阻值为无穷大,则表示熔丝已经熔断;如果测量出来的电阻值为零,则表示熔丝完好。

4. 继电器的认识

一般情况下,汽车上使用的操纵开关的触点容量较小,不能直接控制工作电流较大的用电设备,常采用继电器来控制它的接通与断开,继电器的结构如图 8—32 所示。

汽车上的继电器有很多种,常见的有 3 种:动合继电器、动断继电器和混合继电器。继电器的各引脚以及其内部的电路图如图 8—33 所示。

5. 继电器的检查

继电器的检查可以通过万用表来进行,以图 8—32 所示的继电器为例,该继电器引脚的名称如图 8—34 所示,其检查方法如下:

图 8—32 继电器的结构

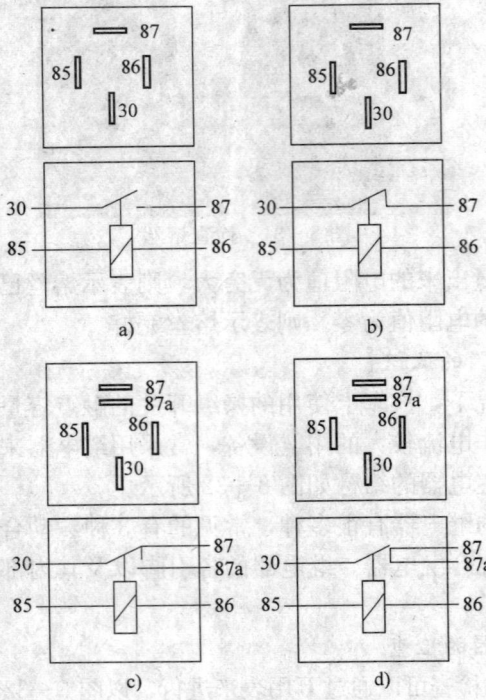

图 8—33 继电器内部原理

(1) 静态检查 用万用表欧姆挡测量继电器 30 与 87、85 与 86 接线柱之间的通断状态；继电器的 30 与 87 接线柱之间应为断路状态；继电器的 86 与 85 接线柱之间应该为通路状态。否则，应修理或更换该继电器。

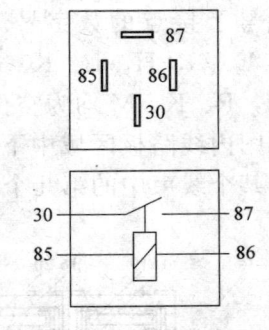

图 8—34 继电器引脚的名称

(2) 动态检查 将继电器的 86 接线柱接 12 V 蓄电池的正极，85 接线柱接蓄电池的负极，此时用万用表欧姆挡测量继电器 30 与 87 接线柱之间应为通路状态；当万用表置直流电压挡，两表笔接该继电器的 85 与 86 接线柱时，电压值应为12 V。

作业 2 熔丝与继电器的更换

当检查到熔丝有明显的锈蚀、熔丝已经熔断，以及继电器损坏时，需要更换相应容量的熔丝和继电器。

课题三 汽车电路图的识读

学习目标

1. 了解桑塔纳 2000 系列轿车整车电路图；
2. 掌握桑塔纳 2000 系列轿车整车电路图识读方法。

桑塔纳 2000 系列轿车整车电气系统采用中央线路板方式，即大部分继电器和熔丝都安装在中央线路板正面（见图 8—35 和表 8—4），主线束从中央线路板反面接插器后通往各用电器（见图 8—36）。中央线路板上标有线束和导线接插位置的代号及接点的数字号。主要线束的插件代号有 A、B、C、D、E、G、H、L、K、M、N、P、R。其中 R 插座插入常火线，R、K、M 均为空位插孔。查找时只要根据电路图中导线与图内线路板区域中下框线交点处的代号，就能了解其导线在某个线束中的第几个插头上。

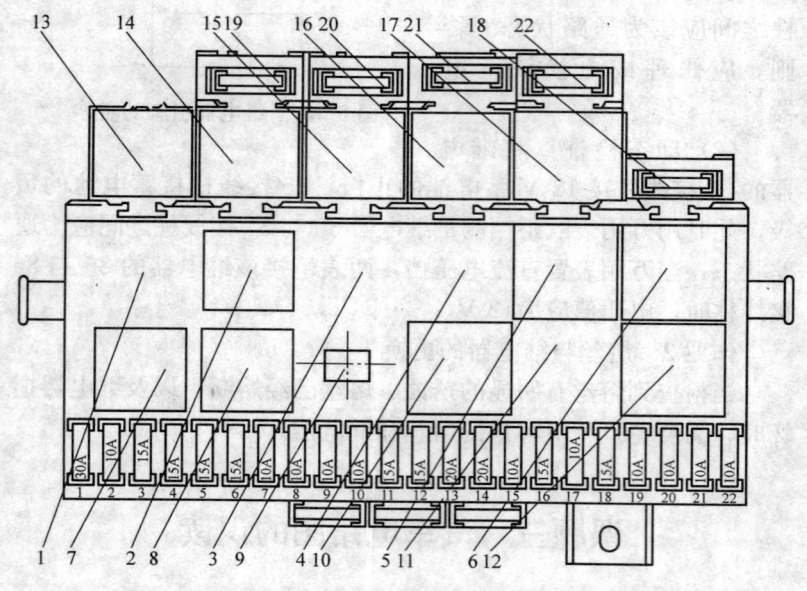

图 8—35 中央线路板正面布置

1—空位　2—进气歧管预热继电器　3—空位　4—空位
5—空调组合继电器　6—双音喇叭继电器　7—雾灯继电器
8—X—接触继电器　9—拆卸熔丝专用工具
10—前风挡玻璃刮水器及清洗装置继电器　11—空位
12—转向继电器　13—冷却风扇继电器　14—车窗升降器继电器
15—车窗升降器继电器　16—内部照明继电器　17—冷却液位指示继电器
18—后雾灯熔丝（10 A）　19—过热保护器　20—空调熔丝（30 A）
21—自动天线熔丝（10 A）　22—电动后视镜熔丝（3 A）

表 8—4　　　　　中央线路板上的熔丝　　　　　A

编号	名称	额定电流	编号	名称	额定电流
1	散热器风扇	30	14	鼓风机（空调）	20
2	制动灯	10	15	倒车灯、车速传感器	10
3	点烟器、收音机、钟、车内灯、中央集控门锁	15	16	进气预热器温控开关、急速切断电磁阀	15
4	危险报警闪光灯	15	17	双音喇叭	10
5	燃油泵	15	18	驻车制动、阻风门指示灯	15
6	前雾灯	15	19	转向灯	10
7	尾灯和停车灯（左）	10	20	牌照灯、杂物箱照明灯	10
8	尾灯和停车灯（右）	10	21	前照灯近光（左）	10
9	前照灯远光（右）	10	22	前照灯近光（右）	10
10	前照灯远光（左）	10	23	后雾灯	10
11	前风挡玻璃刮水器及清洗装置	15	24	空调	30
12	电动车窗升降器	15	25	自动天线	10
13	后风挡玻璃加热器	20	26	电动后视镜	3
			27	ECU	10

注：熔丝 23~27 为桑塔纳 2000GSi 型轿车的编号，插在中央线路板的旁边。

桑塔纳 2000 系列轿车电路图中的符号说明如图 8—37 所示。为了识读电路，现以图 8—38 所示为例进行说明：

（1）整车电气系统正极电源分三路：标有 30 的为常火线，电压为 12 V，即与蓄电池直接相连，中间不经过任何开关，不论是停车时或发动机处于熄火状态均有电。专供发动机熄火时也需用电的电器使用，如停车灯、制动灯、报警灯、顶灯、冷却风扇电动机等；标有"15"的为小容量电器火线，它是在点火开关接通后方能有电的火线；标有"X"的为车辆起步时方可接通的大容量电器用火线。

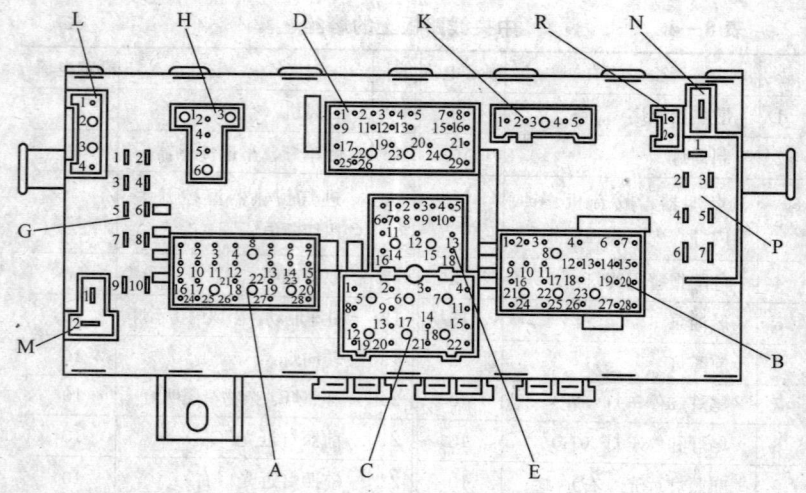

图 8—36 中央线路板反面布置

A—用于仪表板线束，插件颜色为蓝色　B—用于连接仪表板线束，插件颜色为红色　C—用于连接发动机室左边线束，插件颜色为黄色　D—用于连接发动机室右边线束，插件颜色为白色　E—用于连接车辆后部线束，插件颜色为黑色　G—用于连接单个插头（主要用于冷却液不足指示控制器）　H—用于连接空调装置的线束，插件颜色为棕色　K—空位　L—用于连接双音喇叭等线束，插件颜色为灰色　M—空位　N—用于单个插头（主要用于进气管预热器的加热电阻的电源）　P—用于单个插头（主要用于蓄电池火线与中央线路板 30 的连接，中央线路板 30 与点火开关 30 接线柱连接）　R—空位

(2) 接地线也分三路：标有①的为接地线；标有②、③、④的为中央线路板接地线；标有⑦的为尾灯线束接地线。而标有 31 的为中央线路板内接地线。

(3) 对照图 8—38 可知，J2 为继电器（电子控制），表示该继电器位于中央线路板上第 12 位。

(4) S 代表熔丝，其后的数字代表该熔断器在中央线路板上的位置。如 S19 表示该熔断器处于中央线路板第 19 位，熔丝的容量可从它的颜色来判断：红色为 10 A，蓝色为 15 A，绿色为 30 A，黄色则为 20 A。

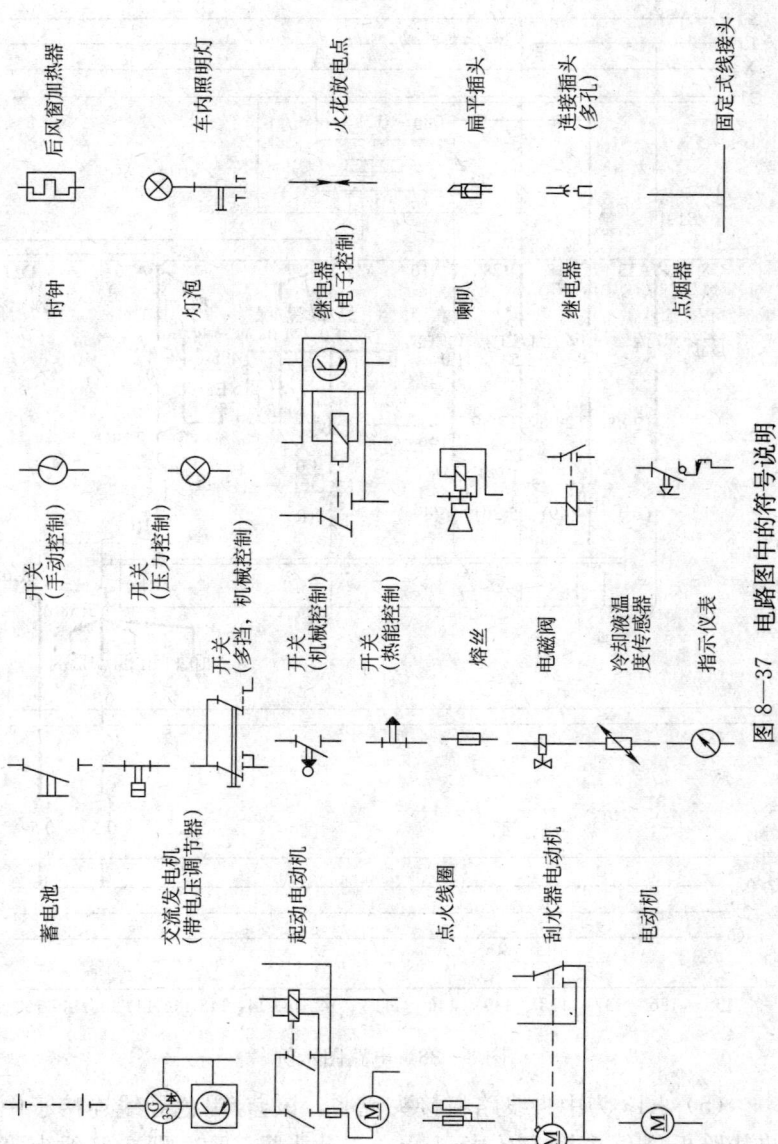

图 8—37 电路图中的符号说明

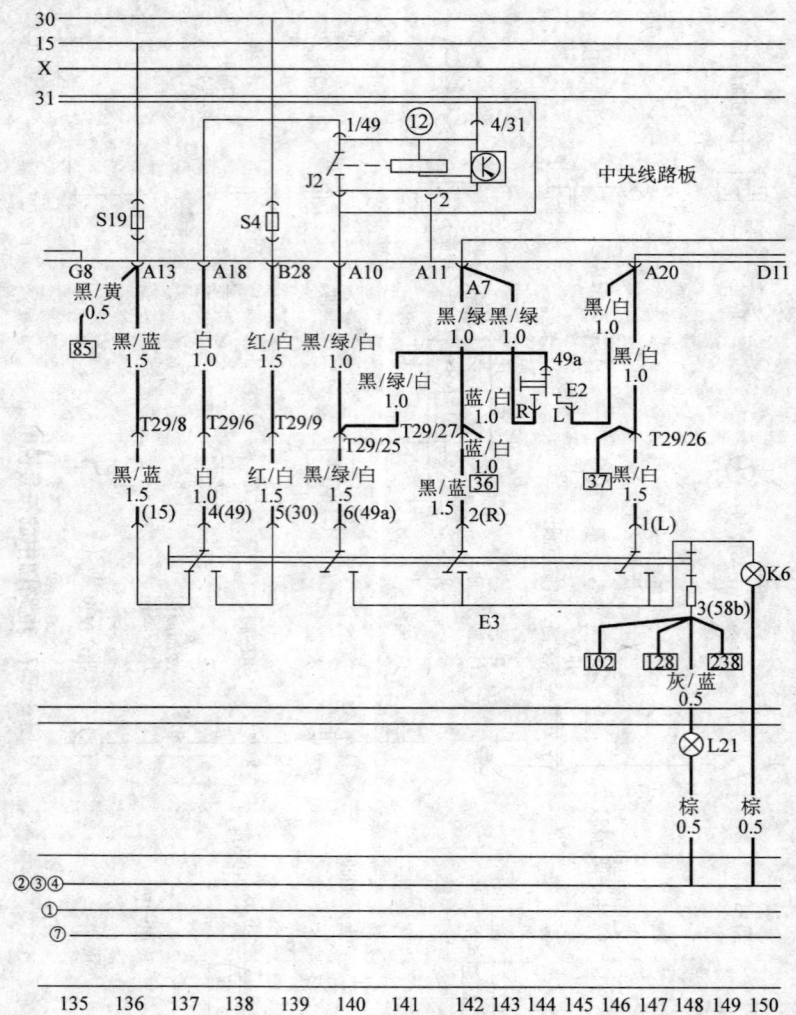

图 8—38 电路图示例

(5) A13 为中央线路板接头说明，该蓝/黑色导线连接于中央线路板 A 线束第 13 位插头上。以此类推，B28 即在 B 线束第

28 位插头上。导线上标有的数字表示线的截面积,如 1.5、1.0、2.5 分别表示该线截面积为 1.5 mm²、1.0 mm²、2.5 mm²。

(6) $T_{29/8}$ 表示连接插头,即 29 孔插头的第 8 位上。以此类推,$T_{29/6}$ 表示 29 孔插头的第 6 位。

(7) 导线尾部标号表示该导线连接的开关接线柱号,如 15 表示 E3 开关的 15 接线柱。

(8) K6 表示报警闪光装置指示灯。

(9) 102、128、238 表示此导线与线路图下端第 102、128、238 编号上方的导线连接。

练 习 题

1. 插接器有哪几种形式?如何拆卸?
2. 如何修复断线?
3. 熔丝有哪几种形式?
4. 如何检查继电器和熔丝?